新时代网络能力提升
研究丛书

# 网络舆论引导能力研究

主编 张传新 崔海默
副主编 董宏伟 肖红 王森

人民邮电出版社
北京

图书在版编目（CIP）数据

网络舆论引导能力研究 / 张传新，崔海默主编. -- 北京：人民邮电出版社，2020.10
（新时代网络能力提升研究丛书）
ISBN 978-7-115-53606-8

Ⅰ．①网… Ⅱ．①张… ②崔… Ⅲ．①互联网络—舆论—研究 Ⅳ．①G219

中国版本图书馆CIP数据核字(2020)第081674号

## 内 容 提 要

在网络信息时代，社会舆论的环境、格局和结构均发生了显著变化，对舆论引导工作提出了更高要求。本书介绍了网络舆论引导工作的基本内容，共分4章。第一章介绍网络舆论的基本概念，结合近年来社会工作语境下的实际关注点，对网络舆论形成的基础、传播机制等问题进行了全面梳理。第二章重点评析国内外合理有效地引导网络舆论的相关案例，并对其中的网络舆论引导策略进行了解读。第三章重点评析国内外网络舆论引导失当的相关案例，回顾舆情的演变过程，对案例中出现的问题进行了反思。第四章立足于总结与提炼，就提升对网络舆论的引导能力进行阐述，并尝试围绕网络舆论引导工作提出符合客观规律的应对思路及方案。

本书案例丰富，解析详尽，梳理了经验和教训，适合党员干部和互联网从业人员阅读，可启发读者面对改革发展的新需求、新情况，不断学习网络舆论引导工作的理论、方法，思考难点，科学、高效地做好网络舆论的引导工作。

◆ 主　编　张传新　崔海默
　副主编　董宏伟　肖　红　王　森
　责任编辑　韦　毅
　责任印制　李　东　陈　犇

◆ 人民邮电出版社出版发行　北京市丰台区成寿寺路 11 号
　邮编 100164　电子邮件 315@ptpress.com.cn
　网址　https://www.ptpress.com.cn
　北京虎彩文化传播有限公司印刷

◆ 开本：700×1000　1/16
　印张：12　　　　　　　　　2020 年 10 月第 1 版
　字数：118 千字　　　　　　2024 年 11 月北京第 4 次印刷

定价：49.00 元

读者服务热线：(010)81055410　印装质量热线：(010)81055316
反盗版热线：(010)81055315
广告经营许可证：京东市监广登字 20170147 号

# 新时代网络能力提升研究丛书
## 编 委 会

**学术指导** 李明德　刘春阳

**主　　任** 张传新

**副 主 任** 石　瑾　张　丽　朱晓航

**委　　员** 崔海默　景　堃　何　扬　姜文华　刘瑞京
　　　　　　程　玲　钱敏锋　陈　宁　雷晓燕　张红伟
　　　　　　朱全发　陈海英　徐旻敏　王　超　沈颖彦
　　　　　　刘传相　吴梅屏　陈蔓莉

# 丛书序

作为20世纪人类最伟大的科技发明之一，互联网及其应用的出现极大地改变了人类的生产生活方式。一个巨大而共通的网络信息空间拉平了世界，万物互联的愿景已呈现在人类面前。

风云激荡，斗转星移，信息的流动与人类文明的流转命运相连。如果说文字的出现使人类告别了蒙昧和野蛮，迎来了开化与文明，那么互联网的发明则把人类社会分成了"网前"和"网后"两个时代。伴随着以互联网为代表的技术革新，人类社会进入了一个开放共享的全新纪元，中国也翻开了高速发展、科学发展和创新发展的崭新诗篇。

中国特色社会主义进入新时代，党和国家各项事业站在新的历史起点上，各级党政领导班子和领导干部必须不断提高适应新时代中国特色社会主义发展要求的能力。中共中央办公厅印发的《2019—2023年全国党政领导班子建设规划纲要》提出，实施"干部专业化能力提升计划"，提升专业能力，弘扬专业精神，推动形成又博又专、推陈出新的素养结构，使领导干部成为精通业务的内行领导，使领导班子专业素养整体适应地方发展需要、单位核心职能。在网络信息时代，网络能力和网络素养成为各级党政领导班子和领导干部专业能力及专业素养的重要方面和重要内容，必须不断强化与大力提升。

党的十八大以来，习近平总书记站在人类历史发展的角度和中国特色社会主义事业全局的高度，多次就党员干部学习和运用互联网作出重要论述，强调推进网络强国建设，推动我国网信事业发展，让互联网更好造福国家和人民。2018年4月，习近平总书记在全国网络安全和信息化工作会议上指出，各级领导干部特别是高级干部要主动适应信息化要求、强化互联网思维，不断提高对互联网规律的把握能力、对网络舆论的引导能力、对信息化发展的驾驭能力、对网络安全的保障能力。

以上提及的"四个能力"从"学习互联网""认识互联网""使用互联网""保障互联网"四个维度出发，它们彼此之间相互契合，又各自包含对党员干部网络素养的不同要求。在学习和认识互联网方面，要求党员干部了解互联网的技术特征以及互联网在当前发展阶段的社会意义，将充分认识互联网作为开展工作的前提，让对互联网规律的把握能力与对网络舆论的引导能力相辅相成。在使用和保障互联网方面，要求党员干部积极拥抱信息化发展带来的技术升级和思维革新，紧紧抓住历史机遇，让对信息化发展的驾驭能力与对网络安全的保障能力的提升齐头并进。"四个能力"是紧密联系、相互促进的有机整体，对网络信息时代党员干部学网、懂网、用网提出了新要求，指明了新方向。

一项伟大的事业不可能一蹴而就，需要我们不断强化学习积累，更新知识储备，跟踪前沿趋势，提升能力素养。为帮助党员干部更好地学习和运用互联网，我们组织编写了这套"新时代网络能力提升研究丛书"。这套丛书紧扣习近平总书记提出的各级领导干部特别是高级干部要不断提高的"四个能力"进行研究，共分4册，分别为《互联网规律把握能力研究》《网络舆论引导能力研究》《信息化发展驾驭能力研究》《网络安全保障能力研究》，各分册既可单独阅读，又互为印证补充。丛书面向党员和各级领导干部，也适合互联网从业人员参考借鉴。

我们期待这套丛书能够助力党员干部提升网络能力、培养网络素养，赋能互联网行业的发展，为网络强国建设添砖加瓦，为推进我国的现代化进程发挥应有的作用。

# 前　言

围绕"网络舆论引导能力"这个主题的相关研究不少，但从理论到实际，研究成果的应用往往不尽如人意。正如一个熟记交通规则但从未开车上过路的人，很难把车安全地开好。其实每个人每天都在目睹"网络大道"上的一个个"故事"和一起起"事故"。本书围绕舆论及其引导，尤其是围绕网络舆情事件，讨论我们需要如何进行思考，以及如何引导网络中的"车流"。

2016年党的新闻舆论工作座谈会以来，习近平总书记多次强调要"提高新闻舆论传播力、引导力、影响力、公信力"，这被归纳为党的新闻舆论"四力"。2018年4月，习近平总书记在全国网络安全和信息化工作会议上强调，各级领导干部特别是高级干部要"不断提高对互联网规律的把握能力、对网络舆论的引导能力、对信息化发展的驾驭能力、对网络安全的保障能力"。至此，党的新闻舆论引导力与党员干部对网络舆论的引导能力形成内在关联。在这个日新月异的网络信息时代，每一名党员干部都应当努力提高对网络舆论的引导能力。

能力的提高是一个过程，需要在现实中不断验证。设想一下，党员干部在接受网络舆论引导的相关培训后有所收获，但面对现实问题时，可能依然存在疑惑，因此需要不断地学习。当我们谈论如何引导网络舆论的时候，先要理解网络舆论；而要实现对网络舆论的理解，首先就要了解舆论是什么。但"舆论"是一个相对抽象的概念，一两句话说不清楚，它更像一个流动的过程，包含着社会意见的生成、传播、变异、消亡以及反复。如果说舆论是水，我们研究的就是如何因势利导，那么需要告诉人们，水的流向是怎样的；如果要流向大海，我们还需要看一看大海的样子。

本书以帮助广大党员干部了解网络舆论为出发点，全面梳理网络舆论形成的基础、传播机制等基本问题及相关概念。对于网络舆论的引导工作，把重点放在"自己看"上，希望通过对近年来国内外网络舆论引导的经典案例的评析，带来更多样的启发。最后配合"我们说"，就不断提高党员干部对网络舆论的引导能力进行阐述，并尝试对网络舆论引导工作提出一种科学、有效、实用的应对思路，为开展相关实际工作提供一定借鉴。

# 第一章 新时代党员干部的必修课：了解网络舆论

一、网络舆论的定义 \ 3
 （一）什么是舆论 \ 4
 （二）什么是网络舆论 \ 6
 （三）我国网络舆论的总体特征 \ 9

二、网络舆论形成的基础 \ 13
 （一）社会转型背景与民众认知变化 \ 13
 （二）公民权益诉求与传播方式革新 \ 15
 （三）各类风险因素与治理压力传导 \ 17

三、网络舆论的传播机制 \ 19
 （一）舆论生成：公共表达与意见扩散 \ 20
 （二）舆论再造：舆情迁移与观点塑造 \ 22
 （三）舆论发酵："去中心化"与"再中心化" \ 24
 （四）舆论消减：自然衰退与适时干预 \ 26

四、网络舆论的引导原则 \ 28
 （一）传播博弈：客观看待多元主体的碰撞 \ 29
 （二）寻求共识：实现共意建构与情绪消解 \ 30
 （三）谨慎应对：避免矛盾激化与发酵串联 \ 32

# 第二章 近年来网络舆论引导得当的案例评析

一、有效开展网络舆论引导的相关研究 \ 37
 （一）依托多学科研究开展网络舆论引导 \ 38
 （二）按照舆情事件类型理解网络舆论引导 \ 40
 （三）结合不同主体看待网络舆论引导 \ 41

二、国外相关案例及分析 \ 45
 （一）直面问题：好莱坞韦恩斯坦性侵案的舆论引导 \ 45
 （二）以人为本：英国曼彻斯特演唱会爆炸案的舆论引导 \ 49
 （三）因势利导：日本京都动画纵火案的舆论引导 \ 53
 （四）正本清源：新加坡印度族群聚居区骚乱事件
   的舆论引导 \ 57

三、国内相关案例及分析 \ 60
 （一）坚决处置核心问题：吉林长春长生生物疫苗案件
   的舆论引导 \ 61
 （二）全面呼应公众诉求：江苏昆山铝粉尘爆炸事故
   的舆论引导 \ 66
 （三）合理释放爱国情感：杜嘉班纳辱华事件的舆论引导 \ 70
 （四）及时疏导负面情绪：高校社团"官僚化"问题
   的舆论引导 \ 73

四、合理引导网络舆论的共性分析 \ 76
 （一）国外舆论引导经验：依规有序推动问题解决 \ 77
 （二）国内舆论引导经验：权威发声结合源头治理 \ 78

# 第三章　近年来网络舆论引导失当的案例评析

一、网络舆论引导面临的挑战 \ 83
　　（一）宣传飞沫化 \ 84
　　（二）认知分散化 \ 84
　　（三）危机常态化 \ 86
　　（四）传播碎片化 \ 86
　　（五）引导迟滞化 \ 87

二、国外相关案例及分析 \ 88
　　（一）"深海浩劫"：美国墨西哥湾钻井平台爆炸 \ 88
　　（二）"黄衫风波"：法国"黄马甲"运动 \ 91
　　（三）"政治大火"：俄罗斯全国性森林火灾 \ 95
　　（四）"核电危机"：日本福岛核电站震后泄漏 \ 97

三、国内相关案例及分析 \ 101
　　（一）"官本位"式舆论引导：广东茂名PX项目事件 \ 102
　　（二）"后真相"时代的谣言：四川泸县学生坠亡事件 \ 105
　　（三）违规瞒报：福建泉港碳九泄漏事件 \ 109
　　（四）沟通困境：甘肃成县"微博掐架"事件 \ 113

四、网络舆论引导不力带来的消极影响 \ 117
　　（一）给不明真相的网民群体带来误导 \ 117
　　（二）对政府形象及公信力造成损害 \ 117
　　（三）给群体性事件的发生埋下隐患 \ 118
　　（四）对国家意识形态安全构成威胁 \ 119

## 第四章　不断提高党员干部的网络舆论引导能力

一、培养引导意识：提升对网络舆论的重视程度 \ 124
　　（一）进行网络舆论引导符合社会发展规律 \ 125
　　（二）进行网络舆论引导考验党的执政能力 \ 132

二、形成引导能力：提升对网络舆论的认识水平 \ 135
　　（一）积极学习网络舆论的传播规律 \ 135
　　（二）做好网络舆情监测及应对处置 \ 142

三、掌握引导方法：提升对网络舆论的治理水平 \ 147
　　（一）坚持培育和提高党员干部的网络素养 \ 148
　　（二）努力形成精准、科学、灵活的网络舆论引导思路 \ 154

注　释 \ 169

参考文献 \ 173

后　记 \ 175

# 第一章

# 新时代党员干部的必修课：
# 了解网络舆论

一、网络舆论的定义

二、网络舆论形成的基础

三、网络舆论的传播机制

四、网络舆论的引导原则

网联万物，更需智观未来。进入网络信息时代，人类所处的舆论生态环境发生了深刻的变化。与传统媒体时代的舆论场相比，网络舆论的生成过程出现极大的变化，公众话语权的提升、社交媒体影响力的获得、公共议题与相应辩论的增多，早已超出信息传播学术方面的关注范畴，进入了国家治理的视野。如何构建弘扬主旋律、激荡正能量的网络舆论环境，成为党员干部在新时代必须直面的一个重要课题。

## 一、网络舆论的定义

"舆论"一词在《辞海》（第六版）中被解释为"公众的言论，对人们的行为有支持、约束等影响。有多样性和变动性的特点"。《中国大百科全书·新闻出版卷》的"舆论"词条，提出"舆论"一词的使用最早见于《三国志·魏·王朗传》，"设其傲狠，殊无人志，惧彼舆论之未畅者，并怀伊邑"，释义为"公众的意见或言论"。一直以来，研究者从不同角度提出各自的观点，但基本都是从"公众""公开"谈起，如"舆论是公众对其所关心的问题、人物、事件和现象的一种信念、意见和态度的综合，具有一定的一致性、持续性和强烈程度，并对有关事态能产生影响，其中包含着理性和非理性因素[1]""舆论是公开的社会意见，在表现形式上必须是冲口而出，并公开表达的意见[2]""舆论是某种公共性的整体社会心理和社会思想的公开表达或表露[3]"等。

在此基础上，关于网络舆论的定义有着更多角度的诠释，但离不开以下三个共同之处：网络舆论是发生在网络空间的；

网络舆论的发生与现实紧密相关，一般与某些有影响力的热点事件或问题相关联；网络舆论是一种公众情绪或意见的集合，而不仅仅是个人情绪的表达。为此，本书所讨论的网络舆论定义为以互联网为载体所表达的公众情绪，究其本质，则是社会情绪在互联网这一全新、开放、多元载体上的公共表达。网络舆论以网络空间及其媒介形态为载体，以社会关注的热点事件为核心，是网民情感、态度、意见、观点等表达的集合，也是一系列互动行为以及后续影响的集合。如果用更为通俗的说法，那就是过去舆论离人们很近，但一般人往往是保持距离的旁观者，不容易处在漩涡的中心；网络舆论则让人时刻身处其中，人们既是相关参与者，也是当事人。

（一）什么是舆论

有学者曾提出，舆论是显示社会整体知觉和集合意识，并具有权威的多数人的意见，是社会心理的反映和时事的晴雨表，能预判社会倾向[4]。从这一观点出发，我们可以认识到舆论具有共同意见属性，即舆论的主体具有社会的集体属性，舆论关注的问题往往是人们普遍关心的某一类问题或热点事件，人们围绕这些问题或事件共同发表意见。

从历史沿革来看，舆论其实是一个历史性的概念，在我国历朝历代的治国理念中占有重要地位。古代治国理念对于舆论的认知体现为"民心所顺、民心所向""水能载舟亦能覆舟"等朴素思维和辩证逻辑，这也从侧面体现出执政者对舆论作用的高度重视。在我国古代典籍中，舆论常与民意、民心、民本、民隐等词语并列，构成了对社会民众情绪、看法及态度的总体判断，并与国家治理的语境紧密关联，具有很强的政治指向性。因此从一定程度上讲，舆论也可以被视为一种社会政治态度，能够反映大众对于政治领导及社会管理者阶层的认知和心态，这种认识通常围绕人们的现实生活展开，逐渐形成群体化的意见聚合。

舆论作为信息传播领域的重要研究对象，时至今日，学界对它的定义仍无定论。通常舆论被视为民意的综合反映，但又不是简单的汇总和概括，还涉及民意集合后产生的影响，以及舆论组成部分的变化规律。在此基础上延伸出的社会学、传播学等相关研究，通常也倾向于描述民意及其作用或规律。

在讨论"舆论"这一概念时，通常还会涉及"舆情"与"民意"的概念。简单地理解，舆情的外延最大，舆论居中，民意最小，三者之间存在着包含关系。如果说舆论的释义为"公众的意见或言论"，那么舆情更像是舆论生成的环境，即舆论的情势，既有舆论当前所处的状态，又包括其变化的趋势。当舆论的变化趋于稳定时，其意见集合就会趋向某种共识，即民意的形成。可以说，民意来自舆论，舆论的基础在于舆情。舆情向舆论与民意的转化则是一个必然的趋势。

综上所述，在研究领域，舆论可被视为一种社会意识形态的特殊表现形式，是一定时期内的特定社会环境中，民众所产生和持有的群体性态度。在日常生活场景中，舆论可被看作民众对于事件、现象等普遍性问题的观点、情绪、态度的集合，并能够对所涉及的普遍性问题产生影响。

本书紧密结合党员干部的实际工作，在讲舆情工作时，通常是指针对舆情事件生成演变过程的监测、分析、研判和处置等方面的内容；讲舆论工作时，通常是指针对舆论的管理与引导，目的是通过不同主体之间的良性互动，推动形成一种包容和谐的良好氛围。

### （二）什么是网络舆论

应该说，网络舆论具有舆论的基本要素，也有自身的独特属性。一般而言，我们平时讨论的网络舆论包含八个要素：一是舆论的主体，即有自主意识的社会民众；二是舆论的客体，即变动的社会现实以及各种社会现象、问题；三是舆论的本体，即情感、态度、意见和观点表现的总和；四是舆论的数量，即舆论的一致性程度；五是舆论的强烈程度；六是舆论的持续性，即存在时间；七是舆论的功能表现，即对舆论客体产生的影响；八是舆论的质量，指舆论所表现的价值观、具体观念及情绪的理智程度。

可以说，网络舆论作为虚拟与现实的交融，伴随着虚假与真实、自觉与自发、原生态与非原生态、理性与非理性的并存与兼容。具体来看，影响网络舆论的主要因素包括以下三个方面。

## 1. 社会现实

唯物史观认为，社会存在决定社会意识。社会话语的产生、传播或流行都离不开其所生存的社会情境，这些社会情境构成了社会话语产生的土壤。网络社会根植于现实社会，它不仅是现实社会的映射，也是现实社会的延伸与回应。

改革开放以来，我国政治、经济、文化、社会、生态文明等各个领域发生了翻天覆地的变化，造就了高速发展的"中国奇迹"。当前，我国经济进入增长速度换挡期、结构调整阵痛期、前期刺激政策消化期"三期叠加"的特定阶段，多重社会矛盾、力量博弈、利益调整集中显现，表现为：一是经济社会变迁过快，催生社会规范和社会价值的多元化，可能导致社会核心价值观的迷失；二是经济社会发展面临结构性失衡问题，经济增长与社会成员群体之间福利水平出现"裂痕""错位"，容易导致社会焦虑心态不断累积；三是社会资源分配的公平性有待提升，否则社会弱势群体容易失去安全感、获得感，使社会矛盾不断积聚。

## 2. 网民心理

网络舆论是网民群体心理特征的外在表现。中国互联网络信息中心（China Internet Network Information Center，CNNIC）每半年发布一次《中国互联网络发展状况统计报告》，截至2020年3月发布的数据显示，我国网民规模已超过9亿人。当前，我国网民心态总体表现为自尊自信、理性平和、积极向上，但随着改革步入深水区，网络舆论场中的负面情绪和娱乐至上等心态值得反思。

网络带来一种虚拟情境的沟通,这种沟通较少受身边群体压力、角色期待和道德规范等的束缚,言论情绪性、非理性色彩较强,而借机发泄、盲目从众、法不责众等心理容易带来"情绪共振",成为舆论的"引爆点"。但不可否认,开放式的网络空间也为人们释放负能量的情绪提供了渠道,具有"心理减压阀"的功能。

### 3. 传播媒介

互联网既是舆论表达的载体,也为记录、监测社会情绪提供了重要的平台和手段。互联网及其应用引发的这场信息传播革命在结构上颠覆了原有的认知,受众从社会信息的被动接受者、消费者迅速转变为信息的积极搜寻者、分享者和交换者。

从技术发展进程看,互联网从 Web 1.0 到 Web 2.0 的发展历程,经历了"4S"的演进过程——即从观看(See)到搜索(Search),再到共享(Share),最后实现社交(Social)功能的拓展,如图 1-1 所示。

图 1-1 互联网"4S"的演进过程

近年来，随着移动互联网的兴起，智能手机等终端设备的快速发展使传播的快节奏和社交的复杂化进一步凸显，网络舆论不断趋向碎片化和私密化。一方面，移动互联网的快速便捷、智能手机的深入普及和社交媒体信息的碎片化，使很多突发事件或现场活动变为"直播"，形成快速传播格局；另一方面，移动终端微小、便携、私密，移动互联网的社交功能以熟人连接为主，信息在圈子化的封闭渠道中扩散，逐渐形成立体化的舆论生态。同时，在大数据时代，网上信息的来源更加丰富，多维度数据聚合使网络舆论持续变化。

## （三）我国网络舆论的总体特征

互联网具有共享、多向、互动的特性，由此网络舆论场呈现高度开放的属性。但考虑到人类社群在政治、经济、文化等各方面存在差异，网络舆论在不同的国家和地区往往有着不同的特征，了解这些特征是我们认识网络舆论的重要基础。结合国情分析，我国的网络舆论主要体现出以下四个方面的特征。

### 1. 两个舆论场：话语体系的割裂与互动

当前我国的网络舆论主要存在两种路径，即两个舆论场。一个是党报、国家电视台、国家通讯社及各级主流媒体形成的舆论场，如《人民日报》、新华社及这些媒体的官方微博、微信公众号、客户端等，其主要职责是宣传党和政府的方针政策，传播社会主义核心价值观，引导舆情方向和舆论取向。另一个是民间舆论场，网民通过微博、微信、贴吧等议论时事、针砭时弊、评论公共管理。两个舆论场并存，但又有着各自的话语体系，一个"主流、官方"，一个"娱乐、草根"。由于发表意见的主体的立场、观点以及专业水准方面有区别，两个舆论场表达的观点通常存在不同程度的差异，有时甚至截然相反。当产生网络热点问题、公众渴望了解真相时，主流媒体一旦信息发布得不及时、不具体，就容易导致两个舆论场各说各话，甚至信息对立。

值得肯定的是，近年来，两个舆论场相互沟通、交流和分享的良性互动不断增强，主流舆论场通过民间舆论场了解公众的信息期待，并围绕这些期待释疑解惑；民间舆论场通过主流舆论场的积极回应，逐渐趋于理性和客观，二者之间实现了正能量相互放大的效果。如2018年江苏"昆山反杀案"中，大量网民与官方微博互动，在事件解决的全过程中起到了重要的协调作用，推动社会对有关正当防卫的法律界定展开理性探讨。其后，2019年最高人民检察院的工作报告中，明确将"昆山反杀案"作为正当防卫的典型案例公开发布。

## 2. 指尖上的民主：政治参与的天然途径

中国特色社会主义民主政治为我国公民参与社会事务和公共决策提供了制度保障。在现实中，通过网络平台这个有效途径，许多网民或建言献策、表达政治观点，或就一些社会问题和社会现象进行讨论，试图通过激烈辩论引起围观，扩大舆论影响力；或通过网络舆论监督政府行使权力，试图对公共决策产生影响。标志性事件如2003年"孙志刚之死"

曾引发网民的激烈讨论，最终促成了收容遣送制度的废除；再如2018年频繁出现的"高铁霸座"事件，也推动了地方政府和相关部门进行改革，2019年《广州市公共信用信息管理规定》就提出，将"乘坐公共交通工具时冒用他人证件、使用伪造证件乘车、霸占他人座位等妨碍公共交通秩序或者影响安全行驶的"情形纳入失信信息。

基于网络舆论的政治参与行为具有门槛低、效率高、平等、隐身化等特点，每个人只要动动手指，通过评论、转发、分享，就有可能汇聚成强大的民意，影响现实事件的发展方向。但近年来，网络舆论场显现出一定的泛政治化倾向，动辄对非政治问题进行政治化解读，将一些问题的原因和矛盾处处"拔高"到所谓的制度、体制层面，使现实问题在网络舆论环境中变得更为复杂，给公共治理带来了新的考验。

### 3. 一石激起千层浪：社会焦虑与非理性表达

处于社会转型期的各个不同阶层，把在现实生活中的紧张焦虑情绪和相对剥夺感都丢进了互联网中。网络舆论正是这种社会心理在网络空间的写照，是民众心理与社会矛盾的"晴雨表"。从传播学的角度来看，网络舆论仍属于大众传播的范畴，很多在现实中不易得到关注和解决的问题，都可能通过网络的放大效应快速获得社会关注。

同时，网络舆论又是社会存在局部而不是全部的一种反映，这种反映是片面的。由于网络具有虚拟性，网民身份具有隐匿性，网络也成为部分个体发泄负面情绪的场所，其中时常出现一些非理性的言论。更有甚者，还有人利用网络散布虚假信息或谣言，给社会秩序带来了不良影响。在网络空间，网民往往认为自己具有某种共同属性，容易在交互行为中产生情感共鸣，并持续增强这一整体意识，从而汇集为强有力的话语力量。各种公共事件、群体性事件在形成和发展的过程中，经常出现"线上互动、线下行动"的情况，具有极强的舆论造势及组织动员能力。

### 4. 一波未平一波又起：舆情应对影响政府公信力

近年来，一些政府部门对待网络舆论"遮遮掩掩"，而事件相关各方借助网络，在短时间内连续爆料发声，出现数次反转和舆论高峰的事件层出不穷，甚至政府回应本身也可能引爆新一波次生舆情。如2016年年初，哈尔滨"天价鱼"事件一波三折，最终证实网民就餐"被宰"属实，官方的第二次回应推翻了第一次调查的结果，导致其公信力受损。

此外，在网络舆论危机面前，政府"慢语""错语"，应对迟滞、草率，也可能为舆论升温提供时间，出现"劣币驱逐良币"[注1]的现象，导致权威信息连续受各种传言、谣言的冲击。2015年天津港"8·12"瑞海公司危险品仓库特别重大火灾爆炸事故发生当晚，各种视频在网上疯狂转发，吸引了大量网民关注，事故原因、伤亡情况等焦点问题亟待政府部门回应。但事发17小时后，当地政府才举行首场新闻发布会，并出现提问环节直播中断、信息点不全、关键人物未现身等情况，不仅未能有效遏制"爆炸物有毒气体飘到市区""爆炸与恐怖分子有关"等谣言，还引发了更多质疑，对事故后续的处置造成了干扰。

## 二、网络舆论形成的基础

网络舆论的形成有互联网及其应用的技术因素，而在技术因素之外，我们还需要考虑社会因素的作用，即社会转型期社会结构与认知的分化，容易给部分群体带来被剥夺感、焦虑感，削弱了部分群体的获得感、幸福感。再加上公众权利意识的觉醒、表达诉求意愿的增强，以及新的社会风险等，这些因素共同构成了我国网络舆论形成和发展的社会语境。

### （一）社会转型背景与民众认知变化

2018年，是我国改革开放40周年。2019年，是中华人民共和国成立70周年。2020年，是我国全面建成小康社会和"十三五"规划收官之年，也是实现第一个百年奋斗目标的关键之年。

伴随着国家与民族的复兴，我国的社会经济发展迎来了史无前例的变革。在这场大变迁当中，我国的社会结构不断发生变动，政治、经济、意识形态高度重合的社会整体认知开始向更加多元化的方向转变。

随着这一时代的变迁，多元的社会结构带来更多的不确定性，其影响也延伸到了舆论场，并通过网络舆论的快速生长得以进一步凸显。在新旧秩序之间、社会阶层之间、城乡之间、物质与文化之间、经济发展与社会发展之间，普遍呈现出各种不确定、不平衡、不协调甚至产生冲突的情形，公共议题相继反映在网络舆论中，社会保障制度改革、医疗卫生改革、国有企业改革、高考改革等"深水区"话题获得高度关注。同时，物质的极大丰裕也潜移默化地影响着人们对社会现象的看法，贫富差距、收入分配等话题时常引发公众讨论，并在网络舆论中生成相应的标签，对社会问题的解读容易出现偏颇，甚至具有一定的消极倾向。

在网络舆情事件中，某类带有冲突性的现实问题更易成为焦点，如征地拆迁、陈年冤案、性别歧视等。这些问题如同海上的"冰山一角"，而海面之下隐藏的"冰山"，即问题背后的社会转型带来的认知变化，是影响网络舆论形成和演变的深层因素。

在网络舆论场中，任何一起看似微不足道的小事，都可能因为触及社会的某个敏感点而演变为一起舆情事件。有研究者提出，社会转型、经济转轨等问题是我国一些群体突发事件发生的根本原因，现实社会风险的上升是网络舆论生成的根本因素[5]。具体来看，群体突发事件的影响主要表现在三个方面：一是利益不平衡现象更为突出，并借助互联网表达出来；二是基层治理矛盾凸显，民众对政府产生不信任感，不满情绪在网上发酵；三是官方舆论场与网络舆论场不时脱节，一旦在网络舆论场中出现"带节奏"的情形，若官方舆论跟进不及时，就会引发网络舆论的质疑。

不仅如此，社会转型在推动社会结构分化的同时，也加速了社会成员意识的分化，这种分化的阶层意识对网络舆论的影响更为显著。不同阶层对自身有着不同的身份认知，彼此之间也会存在不同的身份认同，由此形成了强势群体和弱势群体的区分，并在身份、职业、收入等方面带来心理上的隔离感。在网络舆论热点事件中，引发热议的往往并不是现实中出现的场景，而是在网络空间聚集的网民群体意见，以及由此发起和推动的线上线下联动。这种联动是在人们的生活中悄然发生的，看起来可能只是普通人对所遇到问题的抱怨，却在网络舆论中聚合成不容忽视的力量。繁盛的虚拟空间为社会弱势群体提供了通过发声来宣泄情感的重要场域。通常，弱势群体的利益诉求很难获得表达的渠道，而"网络可以汇聚舆论，反映民意，这种力量强大到一定程度，就会让政府听到"[6]。网络舆论场的观点汇聚作用使事件之间更容易产生关联，进而对社会造成影响。

## （二）公民权益诉求与传播方式革新

社会结构的调整和分化给公共治理带来了挑战，也推动了多元社会的形成。个体的独立意识不断觉醒，更多人开始强调自己的个人追求与生活质量，这一个性化的进程反过来又加速了社会结构的分化。在社会主义市场经济改革的带动下，资源的重新配置推动着利益群体的形成与分化，这种分化又进一步丰富了社会的组成。利益表达的个性化和多元化不断促进着社会中个体奋斗精神的培育，给社会整体发展带来了积极的影响。

但另一方面，个体出于维护自身权利的目的，推动了多元化社会的形成，民众为获取自身权益，不断强调独立性与自主性，巩固和维护自身权益的呼声越来越高。民众权利意识不断觉醒，对于权利获取的愿望不断增强。然而，由于各地区间经济、政治和文化的发展仍然不平衡，社会群体的权利意识并不同步。比如，我国城市居民的权利意识通常高于农村居民，东部经济发达地区居民的权利意识也总体高于西部地区的居民。

以信访工作发生的变化为例，2018年7月，国家信访局网上信访工作推进会议的信息显示，自2015年信息系统上线运行以来，国家信访局和许多省份网上信访量均超过总信访量的一半，网络成为群众信访的主渠道。网上信访量的增加，不仅显示出当前互联网发展对信访渠道产生的重大影响，也反映出群众维权意识的增强。具体来看，当前我国城镇居民的维权问题主要集中在消费权益、环境保护、劳动权益等方面，有的采取了较为激进的群体性行动，有的则采取了比较温和与理性的法律诉讼等方式。而在维权过程中，利用网络舆论曝光侵权的不法行为的情况也变得更加常见。相比之下，我国农村居民的法律意识仍显淡薄，对互联网应用的认识还相对片面，维权方式相对激进。不过，随着移动互联网的普及，这一情况在逐渐发生变化。总体而言，无论是城镇民众还是农村群体，在表达权利意识时都开始注意借助网络的力量，越来越多的人倾向于通过互联网发出自己的声音。

与权利意识增强相伴，网络舆论的政治功能在我国逐步显现。可以预见的是，未来这一趋势只会加强，不会减弱。有研究认为，"通过网络表达，网民参与政治和影响政策的意愿得到了更加便捷的实现。现有实证研究表明，我国网民具有强烈的建言献策的意愿，政治类议题在网络论坛上具有突出的重要性和感召力，它们是舆论参与利益诉求的彰显，也是舆论认同的结果和展示，政治利益诉求往往能够借助具体社会事件的网络传播，发展集结成一种极具挑战性的强大群体性舆论"[7]。2009年以来，网络舆论中出现的"被小康""被慈善"等话题，折射出网民特有的调侃心态，同时，网络热词的生成与传播反映出网络舆论话语力量的增长，这一力量在舆论场以外产生了较为持久的影响。

如今，人们日益认识到网络舆论并非法外之地，但移动互联网带来的"弱控制"现象也愈发明显，即每一个终端都在时刻发生变化，为各种观点充分、实时的表达提供着便利。尤其是社交网络已成为网上各种信息的新集散地，能够迅速集结网民声音，使个体情绪转化为群体互动。来自社交网络的声音已成为政府部门进行公共决策时必须加以考量的重要因素。

### （三）各类风险因素与治理压力传导

人类在经历现代化进程之初就保持着对风险的审视，"社会转型使国家同时在两个层面经历着危机，首先是社会变革过程中不可避免的现代性危机，在此过程中，各种危机伴随着由传统社会向现代社会的转型而出现"[8]。改革开放以来,我国的社会生产力得到跨越式提升,社会主义市场经济体制的改革不断深化,不仅重组了我们所处的社会关系,也使人与社会、自然等各个方面的关系都面临新的挑战。生产力的发展依赖于土地、能源等基本要素的持续投入,环境污染、资源消耗、公平分配等产生的压力也逐渐显现,反过来制约着社会经济的发展;食品安全、房价波动、用药贵看病难、入托上学难等民生问题容易成为网络舆论场上的热点话题,持续受到群众的关注。

当前,我国改革已经进入攻坚期和深水区。站在进一步提高政府治理能力、通过简政放权优化治理方式的角度来看,中央政府不断将资源配置权下放给地方,使地方政府成为治理主体,并分担相应的治理风险,这在推动政府管理职能与服务属性平衡的同时,也将促使地方政府直面权利意识不断提升的民众,接受网络舆论中民意的持续考验。有学者曾提出,"以治官权与治民权分设作为基本特征的上下分治的治理体制包含着分散执政风险和自发调节集权程度两个降低执政风险的机制,有助于国家治理体制的长期稳定"[9]。就当前而言,部分基层政府公共治理能力较弱,提升速度慢,跟不上中央的步调,这是基层治理的突出问题。其中,群体性事件已成为基层治理矛盾外化的重要表现,并在网络舆论的推动下呈现出泛化和分散的趋势,包括各种以确定性利益为诉求的维权行为,以非确定性利益为诉求的盲从性维权行为,以及由地方政府操作不当引发的情绪性聚集等。这些事件通过网络舆论衍生出形形色色的次生危机，对社会的安定构成了一定冲击。

"网络舆论总是源于某些事件或问题的发生，即网络舆论是以具体事件对象为依托触发的。"[10]以公共治理中突发事件引发的网络舆论为例，突发事件是网络舆论生成的触发条件，事件敏感度越高，与民众生活关系越密切，网络舆论的升温速度就越快；越是触及民生难点问题、老问题，网络舆论中出现反思性讨论的声音就越多。社会风险积聚，不断通过突发事件释放，然后在网络舆论中得到关注，最终给公共治理带来压力。

公共突发事件因其与网络舆论的"共生关系"，不仅极易成为网络舆论热点，也持续考验着政府的应对能力，并反映出民众情绪对于政府回应方式的承受力。可以说，政府应对公共突发事件的能力，包括预案、响应、反馈等，有时可以直接决定网络舆论的传播程度和走向，其中任何一个环节出了问题，都可能遭到网络舆论进一步的质疑。尤其是面对一些前期处置失当、民众权益受损的情况，舆论引导稍有不慎，就会持续激发社会中沉积的其他矛盾。如2019年江苏省金湖过期疫苗事件，因为前期舆论疏导未能充分从群众利益出发，导致部分民众反应激烈，演变成了更加严重的公共危机。

### 三、网络舆论的传播机制

开放的互联网生态推动人们在网上尽情表达意见，情绪表达与态度转换变得更加频繁，网络舆论的传播机制也因此更加复杂多变。从表面上看，网络舆论生成、发展和消减的过程难以把握，但我们也应认识到，网络舆论从生成到消亡仍是一个完整的动态过程，并且呈现或遵循着某些信息传播的内在规律。如果将这一过程看作传播的生命周期，那么网络舆论的演变周期可划分为舆论生成、舆论再造、舆论发酵、舆论消减四个阶段。

### （一）舆论生成：公共表达与意见扩散

通常，民众参与公共讨论的意愿除了缘于政治信仰、爱国情怀，以及人类对于参与公共事务的天然热情等因素，更多的还是缘于民众希望通过某种形式，充分地表达自身诉求或对社会问题的关切。在互联网高速发展的当下，网络成为民众表达意见、展开公共讨论的重要平台。同时，这种公共表达也是一种泛化的政治活动，包括向政府反映问题，或是关注政府部门如何更好地履职等。归根结底，民众在舆论中的表现具有一定的目的性，他们希望获得相应的关注。

在网络舆论场中，意见的交互往往呈现出去中心化的参与模式，即我们常说的"人人都有麦克风"，每个人都可能成为参与的主体，任何一个个体都能借助互联网表达意见，引起关注的概率也大大增加。有学者将这种转变形容为"新媒体向个体赋权"，可以理解为"一个让个体感受到能自己控制局面的过程，并天然地具有对社会边缘群体的关怀"[11]。打个比方，传统的舆论场是一个广场，人们在广场聚集和讨论，舆论是在这个广场上形成和发生变化的，这个广场的边界是可见的。但在网络舆论场中，舆论就像在水中生成，个体已经被集合在一起，就像一颗颗水滴汇聚成流，网络空间内的每一个节点都能与其他成员产生无限的连接。一旦微博、论坛等平台出现焦点事件，它很快就会"一传十、十传百"，触发连锁反应，迅速生成舆情。因此，这一网络赋权现象不仅改变了舆论场中个体的地位，也在群体层面使个体之间的关系得到强化，通过"连接众多的微力量和微关系，以对社会政策和社会变革采取主动行为而产生的聚合能量来得以体现"[12]。

由于网络传播涉及多种类型的媒介平台，其对个体的意见表达形式也有着不同的影响。例如，门户网站以持续发布新闻类信息为主，网民跟帖评论是主要的互动机制，与传统媒体的新闻生产机制类似；而如今应用更为广泛的微信、微博等社交平台，其个性化、开放、互动等特征更为明显，网民在这些平台上能够实时、自主地提供和分享信息，快速形成群体意见。这种意见在形成一定规模后，又会被传统媒体注意到，从而继续扩大其影响力，然后回到网络舆论中引起新的讨论。

近年来，从文字到图片，再到视频、交互技术，社会化媒介的形态始终在升级。人们乐在其中，使社会化媒介成为工作与生活的重要组成部分。社会化媒介不仅为我们提供了更多茶余饭后的谈资以及交谈的场所，也使那些意趣相投的群体在孤独的现代化社会中寻找到些许归属感。由此可见，推动网络舆论生成的主体是网民,其构成具有相当程度的异质性和复杂性。网络空间内的公共意见及其扩散,是网民群体之间讨论、对话甚至冲突的结果。在许多网络舆情事件发展的初期,总能发现一部分网民中的"先导者"阐述事件、提供热点,由一部分"追随者"补充信息、点燃引线,再由"反对者"进行质疑,"专业人士"给出分析……当各种意见的集合达到一定强度时,就会在如水的网络舆论中产生一个旋涡,吸引更多网民参与其中,使舆论情绪在短期内形成不容忽视的共鸣。

### (二)舆论再造:舆情迁移与观点塑造

互联网有着特殊的时空属性,它既是让无数人进行互动的宏大空间载体,又可以在时间维度上进行联通,使世界变成一个平面,"可以将不同地点和不同时间的网民的言语、思想、情绪与行为,在互联网上以近似的或同一时空进行互动"[13]。互联网的存在,尤其是移动互联网的出现,让人类社会信息的传播发生了根本性变化,单向的传播转变为双向乃至多向的传播,而且速度远超以往。也正因为网络舆论突破了时空的区隔,哪怕一件小事也可能演变为全国性话题,由此形成的舆情可能以更快的速度迁移,使人难以把握其变化。

2005年,我国某些城市出现抗议日本篡改教科书的游行活动,一些群众通过网络平台组织线下活动,表现出互联网的动员潜力。在这起事件的舆情扩散中,随着游行细节、原因等要素在网络舆论中的曝光、放大,虚拟空间的渲染作用开始激发更多的社会关注,形成了其他地方民众参与事件的可能,从而打破了局部地区舆情事件发展的界限。

再如,2018年9月发生的中国游客在瑞典酒店"被驱逐"事件中,舆情首先在网上出现并发酵,几经反转后延伸出海外公民安全、国民素养等议题,关注点出现一定程度的变异,最后甚至触及两国外交层面。

相关事例表明,单起舆情事件在网络舆论的催化之下,其传播影响力可以超越时空,甚至以"一己之力"实现跨越式发展。舆情的走向往往扑朔迷离,还可能引发多方长时间的博弈。

信息传播是动力,网民围观是基础,舆情异化是风险。而在舆情背后,网民观点的形成和变化同样值得重视。像在一些群体性公共事件中,有些网民可能因为一张"富有冲击力"的"现场照片"就义愤填膺,也可能随后就看到另一篇辟谣文章,从而在短期内形成与之前对立的认知。这里的关键在于,舆情的迁移或变异总是存在一个关键节点,可能是一篇文章、一张图片、一个人的表态,也可能是对事件更多细节的披露,触发了网民的共同认知。要想使舆情变得稳定可控,就必须关注这些节点,以及它们对舆情迁移的反作用。

网络有时就如同一面凸透镜,既可以将舆论关注集中于某个特定的焦点,也可以将一起看似普通的事件放大为热点。面对网络舆论,政府传统的应对措施很难奏效,政府在引导网络舆论时存在基层党组织"进不去",思想政治工作"进不去"等情况[14]。也正因如此,当网络舆情事件的走向趋于失控时,进行引导的难度会迅速增大,网民的持续解读和自发传播会成为舆情发展的重要影响因素,一旦偏离解决事件的目的和理性讨论的轨道,后续处理的成本及代价也将随之增加。

### (三)舆论发酵:"去中心化"与"再中心化"

随着互联网及其应用在我国的深入普及,每一个网民都开始成为网络传播的"中转站",甚至变成"始发站"。曾经人们已习惯于通过新闻媒介获取社会信息,但在今天,身边人的传播影响力在网络空间中得到了重塑,微博的热搜、微信朋友圈的最新发布、各种 App 的推送……在现有网络舆论中,一个人通常是通过社交媒体来获知最新发生的社会事件,而事件的内容往往是经过多次传播甚至加工后的结果,要想在第一时间梳理出一起舆情事件的源头变得很困难。

总体上看,网络舆论的发酵,主要是指网络舆论生成后,其影响力由小到大、由弱变强、由隐到显的传播和变化过程。在这一过程中,事件的基本情况可能经历四方面的变化,即从一般叙述到具体叙述、从基本认知到强化认知、从个体传播到群体传播、从就事论事到延伸讨论。由于每一个网络主体都可以结合自身的认知及理解,将获取的信息进行再次传播,其"去中心化"特征会得到进一步强化和放大。人们不再只接触到某一方的观点,而是同时看到身边人甚至更远处人的观点。举例来说，人们最常使用的微博、微信等社交平台，聚合起通信、发布、召集、支付等诸多功能和应用场景。当信息传播的载体与生活紧密相连时，用户就会把这个载体视为与外界联络的最主要的渠道，看似封闭的群组和朋友圈实际上成为更具影响力的网络舆论场，并且在这种联结关系更强的"熟人社交"模式中，更易引发互动和共鸣。

不过，当我们分析一起具体的网络舆情事件时，可以发现其发酵并不总是由纯粹的集体行为驱使的。在网民复杂多样的意见中，多半是那些率先赢得更多人认同的观点左右着舆情的发展方向，这就是网络舆论的"再中心化"。虽然网络舆论有着"去中心化"的基本特征，但在后续阶段，"再中心化"的出现更加值得重视和研究。从产生的条件来看，网络舆论的"再中心化"一般有两种情形：一是大量网民同时就某一话题展开讨论，并出现某种共识占据主流的情况，这时原本松散的网络舆论就会向主流意见靠拢，形成一个议论和发酵的中心；二是生成于网络舆论中的热点议题，被传统媒体发现后进行跟进报道，更多的信息被补充到网络舆论中，这时新的舆论焦点将替代原有的焦点，使舆情再次升级。

在网络舆论出现"再中心化"的过程中，"意见领袖"输出意见激发公众进一步讨论的意愿是一种常见的情况。1944年，被称为传播学四大奠基人之一的美国学者保罗·拉扎斯菲尔德在《人民的选择》一书中提出，在竞选活动中，大多数选民获取信息并接受影响的主要来源并非大众传媒，而是亲戚、朋友等身边的其他选民以及一些群体。这部分能影响他人的选民中,有的人较普通人更加频繁地接触媒体、熟悉某个特定领域并社交广泛,从而被称为"意见领袖"。美国社会心理学家利昂·费斯汀格认为,个体在进行社会比较时,通常会选择一个"参照群体"。同样,社交媒体中的网民也会被身处的群体所说服,向身边"意见领袖"的观点和立场靠拢。微博上动辄拥有几十万、上百万粉丝的"大V"用户针对某事件发布评论后,就能迅速获得大量转发评论,对网络传播的影响巨大。因此,引导者观点的性质往往决定了事态发展的性质,要分析网络上某起事件舆情发酵的原因和走向,通常少不了要分析"意见领袖"这一要素。

### (四)舆论消减：自然衰退与适时干预

世间事物的发展普遍遵循着有盛有衰、周而复始的循环法则,呈现出一种螺旋往复的变化方式。同样,网络舆论也呈现出这一逻辑。所谓网络舆论的消减,即舆论热度达到沸点后,关注度自然趋于衰减,在对同一事件予以长时间的高度关注后,网民群体进入关注疲劳期,媒体的报道量也开始减少。在此阶段,如果事件的核心矛盾已得到妥善解决,同时没有出现新的舆论要素,则网络舆论将暂时归于平息。之所以说是"暂时",是因为单次事件的影响力虽然减退,但由此引发的社会共性问题不一定能够得到彻底解决,公众积累的情绪难以在短时间内完全消化,而是以"种子"的形式留存于舆论场中。当下次类似的事件发生时,舆论爆点仍可能再次出现。

但总体上，网络舆论基本是按照"冲突—扩散—弱化—消亡"的路径演变。通常，网络舆论关注点的替代和转移是十分频繁的。在这个多元化、碎片化、便捷化的信息时代，注意力和兴趣点的转移自然会导致网络舆论的消减，并且这种转移的速度通常很快。当一个新的热点出现后，舆论就会出现转向，旧的话题可能就此消匿。就像网上流传的"帮××上头条"，即通过某种集中传播，短期内推高某个人物或话题的舆论热度，使其替代原有热点成为新的热点，这实质上就是一种网络舆论关注点的转移。但在负面舆情中，由于敏感话题相较一般话题更易引发讨论和不满，舆论热度上升和持续的时间会更久，网络舆论热点的转移也会发生得更晚。如果新的热点继续与现有的负面话题相关联，还会增加舆情的复杂程度。

在此过程中，公权力适时、合理地介入，有助于积极引导网络舆论快速走向消减阶段，避免舆论发酵期因为恶意炒作、过度解读等出现消极延长，从而助推事件在短时间内得到解决。关于公权力介入的时机，一般认为主要在网络舆论生成至发酵阶段之间，或是舆论已经扩散，达到一定热度后，通过职能部门的直接介入和有力作为，回应公众的关切，解决核心问题，使舆论热度从沸腾状态快速转入消退状态，避免媒体和网民的注意力过度注入，为网络舆论的演变带来正面"拐点"。

近年来，随着网络上舆情事件的多发，以及我国政府信息与政务公开工作的不断进步，各级政府部门不仅网络舆干预和引导能力得到了显著提升，也更加注意方式方法，从对互联网"阻""管""控"的强硬思路，开始向"引""导""疏"的善治思路转变，如图1-2所示。从当事人、公众、政府、媒体这四个舆论基本主体出发，网络舆论的演变是多方共同作用的结果，每一方都自始至终存在于舆论场中。因此，要进行更加有效的介入和引导，不再局限于舆论开始或已经形成扩散的阶段，在网络舆论生成之初和趋于平息之后，均有必要采取积极的策略，使网络舆论引导成为具有全生命周期特性的一项长期工作。

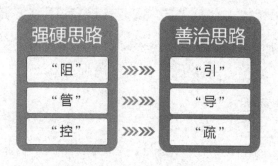

图1-2 网络舆论干预思路的转变

## 四、网络舆论的引导原则

2016年4月，习近平总书记在网络安全和信息化工作座谈会上指出，"要让互联网成为我们同群众交流沟通的新平台，成为了解群众、贴近群众、为群众排忧解难的新途径，成为发扬人民民主、接受人民监督的新渠道"。认真理解和把握网络舆论的本质属性、产生基础、传播机制，进而提出具有建设性、指导性、实效性的引导策略，是开展网络舆论研究的价值体现。

### （一）传播博弈：客观看待多元主体的碰撞

舆论场上的博弈是无处不在的，有观点的交锋，也有利益的对抗。在网络上，舆情事件中存在的博弈有时是真相与谎言的较量，有时则是部分真相与部分谎言的较量。在缺少有效信息的情况下，只能是虚虚实实，孰真孰假难以区分。而决定网络舆论传播趋势及结果的，是同时存在于网络空间和现实空间的多元主体。"在现代社会，每一个组织、每一个群体甚至每个个人在争夺利益或者权利时，都会尽可能在舆论场占据先机。谁占有了媒体主导权，谁就占有话语权，谁也就拥有了合法性。"[15]当网民通过开放的网络社交工具被赋权时，就从一般受众变为缔造和发展网络舆论的有机组成部分，现代社会的信息传播结构也因此发生巨变。由此出发，在舆情事件的传播过程中，无论普通网民、"意见领袖"还是传统媒介，都在不断实施传播行为。因此，网络舆论的参与者应包括所有广义的、在网络传播中具有表达和行动能力的主体。认识到网络舆论场一定会出现观点的碰撞，每一方主体都有可能改变舆情的走向，这是理解网络舆论的重要前提。

需要注意的是，在网络事件的传播过程中，多元主体的存在并不会阻碍"意见领袖"的出现。"意见领袖"的行动选择是政府进行舆论介入和引导时需要重点关注的。在舆情事件的传播过程中，"意见领袖"通常居于枢纽性的地位，在网民和媒体之间扮演着中介角色。通过加工、提炼、整合网民的观点,他们将分散的意见和言论转变为相对集中的内容,让这些内容以更易于受众接受和符合传播逻辑的形态被关注和转发,进而获得传统媒体的关注。反过来,"意见领袖"出于对公共话题关注的敏锐性,又不断向网民传递媒体、权威机构的最新发声,并进行相应的解读。

在将具体事件转变为社会关注的焦点方面,"意见领袖"承担着信息汇聚的作用,因而可以在消除或增强网络舆论的不确定性方面发挥作用。但"意见领袖"对相关信息的选择性披露,以及对相关事件的评论,有可能左右网络舆论导向趋于积极或消极。此外,"意见领袖"与受众之间的互动会呈现出较明显的选择性、关联性,甚至是部分竞争性。一个"意见领袖"所能影响的范围,首先还是一个有限的支持者群体,然后才会扩散至更多的关注者。在部分情况下,"意见领袖"也可能与受众产生分歧,难以发挥主导作用。而近年来出现的"网络推手"等特定群体,因为具有更加明确的行动意向,在传播的策划方面更有经验,成为"意见领袖"之外的又一股舆论力量。

### (二)寻求共识:实现共意建构与情绪消解

如果说舆论需要科学和有效的管理,那么寻求共识就是进行管理的基础。近年来,曾有国内外学者提到"共意建构""共意动员"等概念,即议题设置者运用特定的策略呈现事件,使其能够吸引广泛关注并成为舆论场的焦点。这一现象关系到事件本身能否积累较强烈的社会情绪,形成统一的集体意识和意见指向，进而引起社会各界的广泛关注，促使网络舆论意见达成一致[16]。网络舆论是开放的，每一个参与者同时也是传播者，但在多数情况下，他们是自发地、临时地、偶然地就某个感兴趣的议题而聚集，通过离散却不间断的互动共同对议题产生作用。在日常状态下，各主体之间不存在人际互动的强关联，彼此存在信息不对称的情况。但在舆情事件生成后，网民开始寻求共识，共意建构的意义开始显现。

由于网络中信息节点的相互连接是多维、随机和无限的，任何一则信息的出现，都可能经由其他信息节点进行响应和链接，进而影响整个网络舆论场。在近年来出现的网络舆情事件中，共意建构主要以两种形式出现。一是基于话语形成的共识及其传播。有时候，一则貌似简单、随意、毫不起眼的言论，可能因为其在话语风格、内涵等方面具有很强的传播属性，可以在短时间内演变为一场舆论海啸。2009年7月16日，百度"魔兽世界吧"出现一个题为"贾君鹏，你妈妈喊你回家吃饭"的帖子，在不到一天的时间内，这句话就被网民迅速扩散至整个网络，本不具有什么实际意义的话语，因为契合了网民特有的话语体系和传播习惯，成为一个舆论热点。二是基于动员形成的共同意愿及相应行为。如近年来流行的"快闪"行动，组织者通过线上活动召集互不相识的人，在指定时间里涌入指定地点，集体做出指定行为后，又在约定的时间内快速解散。作为一种独特的网络文化现象，这种看似"无厘头"的集体行为背后也反映出网络舆论在线上和线下的动员力量，即网络舆论中的倡议只要能够获得群体的认同，就可以成功地转化为线下行动，展现出共意建构的现实影响。

从网络舆论引导的角度出发，除了可以引导网民形成相对客观理性的共意，还可以针对已经形成的消极共意进行情绪消解。在当前的舆论引导工作实践中，应对影响力较大的网络舆情事件时主要有三种策略：一是借助媒体搜集与整合信息的优势，快速介入信息发布、事实说明等环节，回应舆论关切；二是以舆论监督的姿态介入传播过程，针对网民反映的诉求和讨论的问题，提供正面解读或进行纠错；三是与权威专家、媒体人等"意见领袖"形成合力，讲事实、摆道理、明逻辑，利用第三方来发挥关键性作用，推动舆论共意与网络群体形成良性共振，化解潜在风险。

### （三）谨慎应对：避免矛盾激化与发酵串联

在与突发事件或群体性事件伴生的网络舆论热点中，经常会出现"声讨"政府的情形。这既说明了政府作为主体在网络舆论发展过程中扮演了重要的角色，也说明网络舆论容易对政府代表的"官方"进行情绪化归因或是习惯性质疑，甚至"言必称政府如何如何"。网络拉近了政府与民众之间的关系，使更多人获得了向社会公共治理者"喊话"以及与之"对话"的机会，也因此产生了前所未有的传播影响力。在网络传播的生态中，官方的话语地位被削弱，多元主体之间的矛盾更容易走向舆论前台，触发更多的讨论。

在一些负面事件引发的网络舆论中，社会矛盾通过网络舆论的发酵快速凸显出来，使政府感受到应对舆论和处理问题的紧迫性。但由于制度惯性或僵化思维，一些缺乏经验和准备的政府部门，尤其是基层政府部门，在应对、引导时缺乏技巧，不注意方式方法，从而造成了舆论态势的升级，无益于问题快速、合理地解决。

如果脱离网络舆论来看，一起公共群体性事件的发生并非必然与政府的工作相关，公权力的作用应该是居中调解。但进入网络舆论环境后，群体性事件发生的原因、处置的过程等被放大地呈现在公众面前，政府的应对方式和做法被社会充分监督，从而使政府不可避免地成为舆论评价的对象。

近年来，"抗议建垃圾焚烧站""抗议建化工厂"等群体性事件有所增多，地方政府或强力阻止，或设法劝导，但或多或少出现了网络舆论生成和发酵的情况，"邻避效应"注2成为地方执政的重大考验。其中一个重要启示在于，群体活动具有强烈的诉求意识，并借助活跃网民、"意见领袖"形成线上线下的同步或串联，他们通常持有鲜明的反对意见。如果一味简单地采取"封堵式"的策略，无疑将进一步加剧这种对立。

2010年，《人民日报》曾刊发题为《新媒体时代：处置突发事件的"黄金4小时"法则》的文章，对政府发布信息引导舆论的时间提出了明确标准。近年来，随着网络媒介及其传播能力的飞速发展，对引导舆论的时间标准的认识还在变化，已经出现"1小时""半小时"等观点。政府部门的舆情应对和舆论引导能力如果落后于事态的发展，达不到民众的心理预期，就难以有效避免舆论场的矛盾激化与变异。

不容否认，当前各级政府在应对网络舆情事件时，处置水平与引导能力较以往有明显提升，但随着社交媒体的迅猛发展，广大网民的期望也越发深切，"官方话语体系"与"民间话语体系"依然存在差异。政府部门有时仍然采用刚性管理思维进行网络舆论引导，出现对舆情事件置之不理、直接封锁这样的武断之举，暴露出部分基层政府部门在网络信息时代处理舆情事件时的能力短板。

## 第二章

# 近年来网络舆论引导得当的案例评析

一、有效开展网络舆论引导的相关研究

二、国外相关案例及分析

三、国内相关案例及分析

四、合理引导网络舆论的共性分析

通过第一章的介绍可以看出，网络舆论是社会舆论在网络空间的投射，但又不是社会舆论的全部，它具有自身独特的属性。网络舆论引导可被视为舆论引导的一部分，或舆论引导在网络传播中的延伸。虽然网上的意见状况不能代表社会的整体意见，但随着我国网民数量的逐年增加，越来越多的社会讨论从线下转移至线上，并变得更加活跃。

当前，网络舆论已成为反映社会意见的"风向标"，既是政府决策与公共治理的重要参考，也是施政成效与服务水平的评估窗口。近年来，部分网上热点舆情事件经过合理引导后，一定程度上消解了网上的不良情绪，相关做法及经验值得借鉴。

## 一、有效开展网络舆论引导的相关研究

在进入具体案例之前，简要了解与之相关的研究情况及理论成果，有助于读者进行更充分的思考。出于合理应对网络舆论的现实的迫切需求，人们围绕相关问题展开了一系列研究。近年来，国内有关网络舆论引导的研究大致包括三种类型：一是依托于不同学科的相关研究，为网络舆论引导提供理论借鉴；二是基于公共突发等不同类型舆情事件的发生背景，为网络舆论引导提供原因分析；三是以不同的引导主体为出发点，为网络舆论引导提供具体指导。这三类研究的共同之处在于，针对网络舆论引导的研究均需以具体舆情事件的分析为基础，因此相关研究可直接应用于现实问题，具有明确的实践意义。

## （一）依托多学科研究开展网络舆论引导

作为一项与社会具体问题直接相关的工作，网络舆论引导因其发生环境、多元主体等要素的复杂性，受到学术研究领域的关注。一般而言，网络舆论引导研究源于网络舆论研究，与新闻学和传播学、心理学、社会学等学科息息相关，如图2-1所示。例如，新闻专业领域的主题报道与深度调查，再到后来的新闻时评，时至今日仍是舆论引导的主要形式；社会心理学关于社会态度改变机制的研究，为今天深入剖析网民群体的认知及行为奠定了基础；社会运动的传播学机理研究，则为网络舆论的线上线下动员提供了原始分析视角。

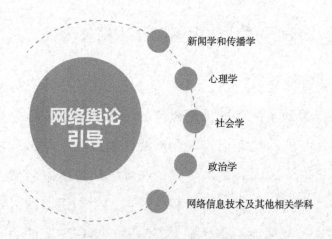

图 2-1 与网络舆论引导研究相关的学科

从学科背景的相关度来看，传播学相关理论与网络舆论引导工作的联系最为紧密。针对网络传播速度快、范围广等特点，传播学研究着重分析网络传播对传统新闻传媒的影响及补充，提出了培养网络舆论中的"意见领袖"、加强传统媒体与网络舆论的互动、加强网络舆情监测等实用性较强的建议。同时，"议程设置[注3]""刻板成见[注4]""把关人[注5]""二级传播[注6]"等传播学经典概念或理论在网络传播中的延续与变迁，也是网络舆论引导相关研究的重要内容。

由于网络空间的匿名性和网络舆论主体的复杂性，基于心理学的网络舆论引导研究不容忽视。舆论代表着民意，网络舆论则在更大程度上连通着民意。网络舆论的主体是网民，网络舆论的形成与网民的心理过程[注7]息息相关。在网络特有的环境和生态的作用下，网民逐渐形成了有别于真实环境的社会心理。网络舆论的形成、走向、特点，都受到网民心理的影响。例如，1920年提出的"晕轮效应[注8]"，指在人际知觉中形成的以点概面或以偏概全的主观印象。这一心理效应广泛应用于名人广告、名人媒体栏目、名人外交等领域。然而在舆论场中，沉浸在"晕轮效应"中的受众可能被明星的光环遮蔽，无法客观地看待舆论情势。在社交媒体时代，舆情事件的突发、高发、频发已成常态，被误读和误解的概率也大大提升，从心理学角度进行的分析具有不可替代的重要地位。

结合社会学理论或相关发现开展的网络舆论引导研究，目前也不在少数。像生活中经常提到的"蝴蝶效应""破窗理论[注9]"等，仍可用来观察网络舆论场上各种力量的相互传导和作用，以及由此产生的巨大连锁反应。此外，基于社会运动研究出现的群体性行为动机、认知、选择等分析机制，也经常被应用于网络舆论引导的过程分析。

## （二）按照舆情事件类型理解网络舆论引导

人民网的舆情数据中心对 2018 年 1 月 1 日至 12 月 15 日产生的 600 个全国网络舆论热点的初步统计显示，从话题类型看，当年我国网络舆论热点更多地围绕与普通人利益攸关的民生、生命健康等议题展开。与前些年网络舆论聚焦于困难群体的生存问题以及体制机制议题不同，2018 年的网络舆论更多表现为城市居民对民生和安全的关切。这一结论表明，网络舆论的热点话题会随着网民关注话题的转移而快速变化，所以，及时关注不同类型舆情事件的发生状况，对做好网络舆论引导具有"背景墙"式的参考意义。

受现实因素的影响，基于社会突发事件的网络舆论引导的研究相对较多。社会突发事件的公共性、复杂性与网络舆论的特殊性相伴而生，使之展现出扩散的迅捷性与交互性、内容的草根性与广泛性、表达的多样性与非理性等不同于其他社会舆论的基本特征。由于研究的问题和研究的重点不同，近年来针对突发事件的网络舆论引导研究，除了对不同种类事件的特征进行研究外，还关注现象背后产生问题的内在机理，从而显现出公共管理与政府决策的研究视角。

前面提到心理学的相关研究通常也针对不同类型的舆情事件发挥作用。2013 年以来，心理学视野中的网络舆论引导研究、网民心理视角下的网络舆论引导机制研究、舆情事件中网民的心理演变机制研究逐渐增多。这类研究着重关注人在网络行为中的心理活动表现，将网民的心理视为影响舆论发展的重要因素，使之成为认识不同类型网络舆论生成及演变过程的基础。此外，对近年来频发的与高校相关的网络舆情事件的研究，在某种程度上也可被视为基于某一类群体的网络舆论引导研究。退伍军人群体、中等收入群体等具有特定特征或现实诉求的群体，也开始成为学界的研究对象。

## （三）结合不同主体看待网络舆论引导

如果按照网络舆论引导过程进行粗略划分，其中的主体可分为两类：一是自发主体，即各类媒体、机构的主动关注和报道，以及网民的自主传播；二是监管主体，即问题责任方、互联网主管部门等核心信息的发布者和舆论的管理者。

首先是从媒体的功能及作用出发，研究媒体在网络舆论引导过程中的主体性。按照人们日常表述的习惯，可以将媒体简单划分为传统媒体与新媒体，这一划分在相关研究中可能存在不同的表述，但其实质是相同的。

传统媒体一般相对于互联网时代兴起的网络媒介而言，主要是以报刊、广播、电视为代表的大众传播媒介，在广告等商业需求的影响下，也包括户外展示设施等媒介类型。传统媒体通过某种固定媒介的载体，定期向社会公众发布信息或提供教育、娱乐等内容，在功能和形式上基本不具有交互性，经常进行社会监督，但其时效性和影响范围有限。

新媒体则涵盖了如今所有的数字化媒介形式，可被视为软件应用与硬件设备的高度融合，既有数字化的传统媒体，也有先天数字化的媒介形式，包括网站、自媒体账号、移动客户端、数字电视、电子版报刊等。随着网络通信技术及相应设备的不断发展和普及，网民拥有了越来越多自由使用互联网信息的能力，但自由交互的网络环境也高度分散了网民的注意力。在这一条件下，各类新媒体的涌现与信息社会的"注意力经济"高度契合，并由此获得了引导舆论走向的基础。

随着智能手机、平板电脑等移动终端被大众快速接受并融入人们的生活，网络传播的互动性不断增强，传统的社会舆论形成方式及变化过程发生了重大改变。当前，人们对于网络舆论的理解及研究呈现出高度的兼容并蓄的态度。一方面，部分研究者以新媒体为研究对象，希望观察并总结出网络舆论特有的运行特征，使越发分散的网络舆论能够用于解决更多的现实问题，并遏制网络传播日益无序、混乱的消极状态。另一方面，人们继续从经典研究及理论中汲取养分，关注传统媒体融入网络舆论时面临的问题和经验，思考是否有部分传统舆论场的传播规则进入网络传播空间，并得到网民的接受和遵守。信息在网络传播的过程中如何被控制、主流媒体在网络舆情事件演变过程中的角色等议题，都成为研究网络舆论引导的方向。

总体而言，促进传统媒体和新媒体之间的有效互动，对于开展网络舆论引导具有积极意义。值得重视的问题包括：传统媒体对社会热点的率先报道及权威发布能力，新媒体对即时话题的快速跟进和放大能力，以及二者之间通过评论文章等汇聚性信息形成的舆论交互，不断助推主流媒体、自媒体与网络舆论进行话题共振；新媒体形态充分发挥自身编采灵活、形式多样的传播张力，在网络舆论场上保持推送和话题设置，组织讨论并获得第一手的民意调查，传统媒体以此为素材，在主流舆论场及时进行呼应与反馈，然后再经新媒体传播，最终形成舆论引导合力。在此过程中，传统媒体与新媒体的互动并非单向的、一次性的对话，而是呈现双向、反复的态势，其互动频率越高，舆论引导效果就越明显。

其次，政府在网络舆论引导中的作用被各方长期探讨，成为主体研究的重要组成部分，并且研究方向侧重于反思引导方法和提出应对策略。站在对引导方法进行反思的角度，政府在应对网络负面舆情的过程中，一般面临着信任危机，公信力容易受损。

在部分案例研究中，正是在网络舆论发展至最需要引导的阶段，政府主体选择了沉默不语，当冲击性舆论最终形成的时候，有关公信力缺失的质疑难以在短期内得到有效回应，从而无法对舆论进行有力的引导。

站在提出应对策略的角度，网络舆论中的政民互动成为重要的研究对象。互联网社会深刻改变着人们的生产、生活方式，其开放、平等、匿名等特点使网民可以随时自由地发表意见，并且不再担忧因为支持"少数派"的意见而被孤立，个体的从众心理逐渐被主动发声替代，舆论环境对于个体的压力逐渐消失。如何通过网络舆论进行执政创新，从而提高执政能力，成为网络舆论视域下的新课题。

同时，过去一些研究认为，"把关人"等经典理论提出的机制在网络舆论中逐渐失去作用，舆论多元化使网络舆论氛围更加多变，给网络舆论监管带来了极大的难度。但随着研究的深入，人们发现网络舆论场并非完全的"无主之地"，引导与把关在内涵上出现融合，为政府在网络舆论引导中的重新定位赋予了新的分析框架。此外，部分网络舆情事件显示，在一些特定情况下，舆论中的"少数派"通过"意见领袖"的积极作为，即使其观点在传播格局中处于劣势地位，仍可能再次获得舆论的支持甚至重新引领舆论的走向，使舆情发生反转，这也给政府应对负面舆情提供了借鉴。

在此基础上，如何推进官方舆论场和民间舆论场这两个舆论场之间的良性互动，成为积极开展网络舆论引导的研究方向。当前，我国已经形成了官方舆论场和民间舆论场相互制约又相互促进的舆论新格局，两个舆论场之间的良性互动在一定程度上打破了固有的单向沟通机制，群众敢于发声，政府积极回应，有利于快速化解社会矛盾，推动各领域深化改革。但也会出现信息不实、舆论反弹等现象。借助可以瞬时传播的新媒体矩阵，网民对任何一起热点舆情事件都可通过任意形式展开热议，民意的力量不断在舆论演变过程中得到体现，网络监督、网络维权等行为已成常态，呈现出公民社会与社会民主的交织与探索。因此，对于政府而言，既要重视广泛听取群众的意见，又要坚持改进网络舆论管理和服务工作，真正做到权为民所用、情为民所系、利为民所谋，让两个舆论场尽量走向统一，这才是打通两个舆论场的根本途径。

综合来看，官方舆论场和民间舆论场的良性互动，与传统媒体和新媒体的融合也密切相关。主流媒体不断适应网络时代信息传播变革的现实需求，这其实也是官方舆论场在积极融入网络舆论传播平台。

近年来，主流媒体纷纷围绕拓展传播渠道、构建舆论引导新高地进行了大量有益的尝试。如今，传统媒体多已转型为纸媒+网站、"两微一端[注10]"等全方位媒体平台，全媒体、多终端的集团化传播策略成为媒体发展的共同选择。发挥好主流媒体与政府两大主体的正向引导作用，在网络舆论中带动形成正面讨论，是建立新型网络舆论引导机制的有效途径。

## 二、国外相关案例及分析

理论终需与现实结合。从网上近年来产生的热点舆情事件中，我们试图找出一些共同规律，看看究竟是哪些力量影响和推动着网络舆论发展的走向，并最终促成了网络舆论传播中的正向引导。首先，我们将视野放到国外的几起热点舆情事件中。

### （一）直面问题：好莱坞韦恩斯坦性侵案的舆论引导

2017年10月，好莱坞电影大亨哈维·韦恩斯坦被曝出性丑闻，舆论一片哗然。据媒体披露，这之前30多年间被其性侵或性骚扰过的女演员及公司女员工数量"令人瞠目结舌"。《纽约时报》等媒体就此发布深度调查报道，不断有新的受害者发声，让影迷及好莱坞电影人大感震惊。以下回顾整起事件的舆情发展，媒体对性侵调查的真实揭露，以及社会各界的声音与行业监管部门在网络舆论场上的积极交互，为网络舆论引导带来一些正面启示。

【事件回顾】

这场丑闻风暴的开端是《纽约时报》2017年10月5日刊载的一篇长篇报道。记者走访多位当事人，指控好莱坞电影大亨哈维·韦恩斯坦在那之前的30多年间对多名女性实行性骚扰、性恐吓，其中涉及不少知名演员。该报道迅速引爆舆论。受此影响，数天之内不断有女性受害者站出来声讨韦恩斯坦的行径。10月10日，美国NBC电视台播出专题节目，称16名女性曾遭受韦恩斯坦的性骚扰，其中3人指控其性侵，哈维公司的18名员工愿意出庭作证。经过"媒体揭露—'大V'（明星）讨论—网络传播—社会运动"四个阶段，此次网络舆情事件借助被称为"流量之王"的明星话题，乘着社交媒体在网络社群中的病毒式传播之势，在全球范围迅速蔓延。

【各方反应】

（1）好莱坞明星纷纷发声。作为好莱坞巨头，哈维·韦恩斯坦和绝大多数知名好莱坞女星都有交集，在性侵丑闻被曝出之后，不断有明星以受害者身份出来发声，引爆了社交网络。例如，女星格温妮丝·帕特洛、安吉丽娜·朱莉相继公开表明曾遭遇哈维·韦恩斯坦的性骚扰。随后，曾与韦恩斯坦合作过的演员梅丽尔·斯特里普和凯特·温丝莱特也公开发文斥责他。不仅女艺人出面声明，本·阿弗莱克、莱奥纳多·迪卡普里奥等一众男明星也纷纷发声，对哈维·韦恩斯坦予以谴责。

（2）行业监管方与警方迅速回应。首先是行业监管部门及时发声，表示韦恩斯坦的行为"不可原谅"。英国电影和电视艺术学院、美国电影艺术与科学学院先后撤销了韦恩斯坦的会员资格，美国制片人协会也将韦恩斯坦逐出协会。戛纳电影节主席皮埃尔·莱斯库尔、艺术总监蒂埃里·弗雷莫斥其行径"不可原谅"。其次是警方迅速介入事件调查。事件发生后，纽约、洛杉矶等地的警方纷纷立案调查，并表示一旦罪名成立就可对韦恩斯坦进行批捕。另据媒体报道，美国联邦调查局也对此展开了调查，其进程被描述为"与FBI拿下芝加哥黑帮教父阿尔·卡彭的步调一致"；纽约曼哈顿地区检察官召集大陪审团，针对此事开启性犯罪调查。值得注意的是，相关动向不仅通过传统渠道进行发布，同时也作为舆情进展的重要组成部分，得到社交媒体的持续跟进。

（3）舆论扩展：全社会拉开"Me Too"平权运动序幕。丑闻曝光后，服务弱势女性的纽约社区组织者塔拉纳·伯克提出了"Me Too"（我也是受害者）的口号。2017年10月15日，女星艾丽莎·米兰诺在推特上转发该口号并附上文字："如果你曾受到性侵犯或性骚扰，请用'Me Too'来回复这条推文。"之后，"Me Too"运动以摧枯拉朽之势席卷网络，不仅有安娜·帕奎因、黛博拉·梅辛、劳拉·德雷福斯、埃文·蕾切尔·伍德等明星参与，还有更多的网民通过社交网络参与其中，这些人推动"Me Too"运动在全网热传。

**【舆论引导及其启示】**

（1）媒体深度报道的揭发作用值得关注。2017年10月5日，《纽约时报》刊发长篇报道《哈维·韦恩斯坦多年来重金掩盖其性骚扰行为》，指控韦恩斯坦在过去30多年间，对多名女性实行性骚扰、性恐吓，并为掩盖性骚扰的事实，曾试图用10万美元高价收买受害者。媒体深入、详尽的报道揭开了后续反性侵运动的序幕。后来《纽约时报》和《纽约客》杂志也因此获得了普利策"公众利益服务奖"。即使在现今社交媒体蓬勃发展的时代，传统媒体依靠其专业性、深入性、准确性，在舆论场中仍然有着不可比拟的优势，起到了关键的引导作用。

（2）"明星效应"带动舆情持续发酵。韦恩斯坦性侵事件之所以能够形成舆论风波，一方面性侵事件关联了大众舆论场与明星舆情；另一方面，事件发生后，众多知名影星、演艺界人士积极介入，使事件持续产生"明星效应"，在带动媒体集中报道的同时，也激发了普通网民的热烈讨论，加速了舆情的发展。更进一步来讲，明星作为影响力极其广泛的"意见领袖"，对舆论的走向起着不容忽视的作用。

（3）互联网"标签化"和"话题化"现象兴起。社交媒体时代去中心化盛行，"人人都有麦克风，个个都是自媒体"。

在社交媒体使用"Me Too"标签或话题之后，所带动的舆情开始汹涌，通过简单点击或使用这一标签，广大网民就可参与评论，传递自己的经历或态度。标签或话题的设置，一是直接推动了网民参与事件讨论，带动话题热度持续走高；二是拓展了话题传播的受众群，通过社交媒体"瞬时连接"，使每一名网民都可参与其中。

（4）行政力量的及时介入有效降低了舆论热度。此次事件表明，政府部门除了及时发布相关信息、尊重公众知情权外，还要注意消除公众的疑惑，提供更加多元的信息，增强信息传播的互动性。应选取一定的社会共识，促进相关部门制定更为全面的监管举措，为社会发展提供更多有意义的范本。该案例中，警方、行政机关第一时间介入案件，并及时发布相关信息，有效防止了舆论的过度发酵。

（二）以人为本：英国曼彻斯特演唱会爆炸案的舆论引导

当地时间2017年5月22日22时33分，英国曼彻斯特体育馆人潮涌动，美国流行歌手爱莉安娜·格兰德完美演绎了演唱会上的最后一首歌，正准备离开舞台，不曾想随之而来的并非观众的热情欢呼，而是两次爆炸的巨响。这起曼彻斯特演唱会爆炸案导致20余人死亡、50余人受伤，伤亡人员包括多名青少年和儿童，被英国警方定性为"2005年伦敦地铁爆炸案以来英国最严重的恐怖袭击事件"。而在恐怖袭击的阴霾背后，有关部门应对得当，不失为一个网络舆论引导合理的样本。

【事件回顾】

2017年5月22日晚间，被中国歌迷昵称为"A妹"的美国流行歌手爱莉安娜·格兰德在英国曼彻斯特体育馆举行巡回演唱会。在散场过程中，体育馆大堂区域突发爆炸，事发时大批人员正离开体育馆，不少人聚集在大堂购买纪念品。爆炸发生后，英国警方迅速介入并警戒，宣布事件为自杀式恐怖袭击，并确定此事件为第二高警戒的"严重"级别。警方称，包括袭击者在内共有22人在爆炸中身亡，另有59人受伤。60辆救护车赶往现场，护送伤者前往当地医院以及展开现场救治。歌手爱莉安娜·格兰德未在事件中受伤。

发生爆炸的英国曼彻斯特体育馆是当地最大的室内竞技场，也是平日里举办体育赛事、演唱会等大型活动的首选场地。馆内最多可容纳2.1万名观众，其休息区与曼彻斯特的维多利亚车站相连接。英国警方认定，袭击者为22岁的英国籍利比亚裔移民萨尔曼·拉马丹·阿比迪，他加入当地黑帮后成为激进分子。2017年5月23日，极端组织IS声称对这一爆炸案负责。

【各方反应】

（1）舆论关注。由于恐怖袭击事件的敏感性，爆炸案迅速引发国际舆论的高度关注。BBC等英国国内媒体及网站纷纷进行专题跟踪报道，国际主流媒体也进行了报道。社交媒体平台第一时间形成舆论传播态势，英国网民在社交平台发布现场图片及消息，部分网民开始猜测恐怖袭击的原因并提供线索。同时，不少人通过社交网络进行互助，使用名为"#Room For Manchester"（曼彻斯特房间）的标签接纳事故受害者，让他们留宿或为他们提供食物，以及帮助寻找走失的人。

（2）政界回应。据BBC报道，时任英国首相特雷莎·梅第一时间表示，该事件是"骇人听闻的恐怖袭击"，并在事发次日早上主持民事紧急情况委员会的会议，决定暂停保守党即将开始的竞选活动。大曼彻斯特市市长安迪·伯纳姆将此事件称为"邪恶的行为"，他向帮助受害者的当地居民和企业致敬，并宣布于事发次日晚间在阿尔伯特广场举行守夜仪式。英国女王伊丽莎白二世也向受这起"可怕事件"影响的人们表达"最深切的同情"，多国领导人和政府向英国表达慰问。

（3）明星及社会人士发声。在推特上，歌手爱莉安娜在事发后几小时发布消息称："我彻底心碎了，真的非常非常抱歉，不知道该说什么好。"唱片公司随后确定取消她世界巡演的欧洲场次。5月27日，唱片公司宣布将重返曼彻斯特举行公益演唱会"One Love Manchester"。英国球星大卫·贝克汉姆在社交平台照片墙（Instagram）上表示："来自曼彻斯特的消息令人心碎，作为一名父亲，我感同身受，发生这样的事真的让我很悲伤。我的心与受害者同在。"

【舆论引导及其启示】

作为人类共同的威胁，恐怖袭击事件具有极强的危害性，极易引发社会的恐慌情绪。事后总结来看，英国曼彻斯特演唱会爆炸案在迅速引起舆论高度关注的情况下，舆论基调能够保持在合理可控的范围，保持社会各界对无辜受害者的关注与关怀，使这起"人祸"背后传递出些许温情与暖意，离不开事件相关方舆论引导工作的有序开展，也体现出网络社交媒体平台的正面互助作用。

（1）**舆情应急预案积极响应，各部门各司其职**。从该事件舆论演变的过程看，英国政府各部门制定了应对危机的公关预案，并在平时进行演练，各部门在危机应对中的角色和所承担的责任较为明确。突出的表现是，知道发生问题时该说什么、怎么说，可以看出统一的新闻备答口径。爆炸案发生后，警方迅速跟进案情，第一时间对外发布案情进展；应急部门积极联动，封锁现场；外交部门及时向主要国家通报案件进展情况等，这些举措均引导舆论运行在合理可知的轨道上。

（2）**信息发布凸显人文关怀，积极引导舆论重心**。案件发生后，英国政府迅速召开新闻发布会，发布事实真相，传递对受害者的关怀，尽可能把已掌握的信息提供给媒体，让公众第一时间了解事实，表现出强烈的人文关怀，而不只是发布冰冷的数字。在灾难事故类事件的信息发布过程中，将重点放在公开事实与人文关怀方面，有助于疏导公众情绪，引导舆论快速走向善后阶段。当天一系列案件的现场信息被公布后，曼彻斯特当地居民、出租车公司和酒店关注到受害者的受困情况，自发通过社交媒体平台向滞留民众提供免费交通和住宿，并为走失儿童提供庇护，形成了积极互助的舆论氛围。

（3）及时更新事态进展，消除滋生网上谣言的土壤。在爆炸案的处置过程中，有关部门的新闻发布会每隔几小时召开一次，即使没有新的信息，也会告知媒体"截至目前还没有得到新的信息"等，及时消除了民众的不安情绪，从而建立起聚焦事件进展的主舆论场。为避免舆论走偏或引发过度炒作，有关爆炸案的调查信息仅由英国警方公布，这在一定程度上也保障了所发布信息的权威性。

## （三）因势利导：日本京都动画纵火案的舆论引导

　　2019年7月18日被日本动漫迷称作"动画史上最黑暗的一天"。当天上午，日本京都市著名动画制作公司京都动画发生人为纵火事故，共造成36人死亡、33人受伤，大批珍贵动画原画稿被焚毁。由于日本动漫产业具有较高的影响力，日本国内及国际舆论对此事予以高度关注，事件舆论呈现出远超一般刑事案件的热度。回顾该起纵火案的舆论引导过程，日本政府没有采取明显的舆论引导措施，但始终保持了积极救援、就事论事的正向态度，案件没有演变为持续性的社会舆论话题。作为京都动画不幸失火后的舆论主题，"救助、补偿、重建"这三项原则，成为确保事件平稳解决的重要因素。

**【事件回顾】**

　　当地时间2019年7月18日10时35分左右，位于日本京都市伏见区的京都动画第一工作室突然爆炸并发生火灾。

有附近民众发现一名男子疑似在入口处泼洒汽油，于是在看到浓烟后急忙报警，约30辆消防车抵达现场进行灭火。当天15时19分左右，历经5个多小时的救火工作，现场火势得到控制。但事故已造成京都动画工作室1~3层均被烧毁。7月19日6时20分，燃烧了近20小时的大火终于被完全扑灭。该起纵火案最终造成36人死亡、33人受伤，成为日本自第二次世界大战结束至当时的所有故意杀人案件中死亡人数最多的案件。

根据日本警方的调查结果，此次火灾被定性为"纵火杀人案"。涉嫌纵火者为41岁的日本男子青叶真司，其在逃走时因体力不支被警方逮捕。有目击者称，该男子在点火时喊着"去死"，被捕时又提到"抄袭"，警方称嫌犯因"怀着强烈恨意"而作案。对此，京都动画社长八田英明7月20日回应称，并未收到过该男子的投稿，无法认可"抄袭"一说。随后，日本警方正式以纵火、谋杀等罪名逮捕嫌疑人青叶真司。

**【各方反应】**

（1）**媒体关注**。事故发生后，日本NHK电视台火速将现场救援画面传达给观众，并公布了一段京都警方逮捕纵火嫌疑人的视频。其他主流媒体，如日本《朝日新闻》《读卖新闻》《每日新闻》等全国性新闻媒体，以及《京都新闻》等地方媒体也纷纷跟进报道，京都警方及消防部门公开的信息被大量转载或援引，用于分析案件原因。部分媒体前往嫌疑人住处了解其过往经历，试图还原事件背后的信息。

（2）政界回应。案件迅速引起日本政府的关注和介入，日本首相安倍晋三通过推特发布消息，为伤亡者祈福："今日，京都发生了放火事件，造成多人死伤，此事过于沉痛，几乎难以言喻。为牺牲者祈祷，并祝福伤者早日康复。"此外，京都市市长门川大作在社交媒体上写道，"惊讶与愤怒之情无以言表"，并表示消防部门会继续做好现场救援，联合警方彻查事故原因。在7月19日的例行记者会上，京都府知事西胁隆俊称"这是罕见的凶恶犯罪行为，感到非常愤怒"，并在当天下午视察了案发现场情况。

（3）**商界和演艺界发声**。由于京都动画在业内具有较高的知名度，商界和演艺界人士相继表态，舆论持续升温。日本动画导演新海诚表示，"希望在京都的各位都没事"。日本导演岩井俊二称，"创作者工作的地方成了靶子，把人命当草芥，天理难容"。苹果公司CEO库克表示，这起"火灾是毁灭性袭击""是一场超越了日本地域范围的悲剧事件"。曾与京都动画合作的美国Sentai Filmworks公司在网上发起众筹，希望帮助京都动画重建。

【**舆论引导及其启示**】

从性质、起因和形式来看，京都动画纵火案属于个体报复社会的刑事案件，容易引起舆论的恐慌和猜疑，开展舆论引导很有必要。但梳理舆论的变化可以发现，政府在迅速逮捕嫌疑人的有利情况下，始终将应对举措的重心放在民众关心的救助遇难者、重建社会信心方面，一系列应对措施起到了把控舆论焦点的作用，为案件的后续处置提供了良好的条件。

（1）**直接参与事件处置的部门能够及时、持续地公开信息**。火灾发生之初，京都消防局迅速抵达现场进行灭火工作，日本警察厅也第一时间完成调查并当场抓获嫌疑人，均展现出正面形象。在这一有利的舆论条件下，消防、警察等处置部门持续做好信息公开，确保第一时间公开事故伤亡情况、事故原因等，消解了公众对案件原因等问题的猜测，从源头上堵住了谣言的传播，为舆情应对争取了主动。从舆情进展来看，网上很少出现针对政府的质疑或声讨，转载更多的是消防员奋力救火的现场图片，舆论氛围积极正面。

（2）**官方与主流媒体同频共振，凝聚舆论共识**。在事件处置阶段，日本主流媒体保持人性视角，哀悼、惋惜等情绪占据主流，未出现舆论渲染。事发后2小时内，日本首相、京都市市长相继通过社交媒体发声，为伤亡者祈福，在应对突发事件的黄金时间内发声，争取了舆论的好感。同时，主流媒体与社交媒体保持同步，时效性强、传播度广，在短时间内强化了政府积极作为的形象。

（3）**重视舆论的后续处置，使火灾阴霾过后仍有"光亮"**。随着舆论进入尾声，一度有媒体开始讨论"日本自杀式恐怖主义案件增多""日本社会被边缘化群体正在扩大"等议题，呼吁政府和社会予以更多关注。对此，京都府警方表示将全力为受伤者及死难者家属提供协助；日本内阁官房长官菅义伟在记者会上表示将支持重建京都动画公司等。随着救助等后续工作的有序展开，纵火案舆论逐渐得以平息。

### （四）正本清源：新加坡印度族群聚居区骚乱事件的舆论引导

在美国咨询公司盖洛普发布的2018年《全球法律与秩序》排行榜中，新加坡以97分的高分被列为"全球治安最好的国家"。但几年前，在2013年12月8日夜晚，新加坡的治安状况曾经遭受了一次极大的考验。当晚，新加坡印度族群聚居区"小印度"发生群体性事件，该事件被舆论称为"小印度骚乱"，共造成1人死亡、40余人受伤，多辆警车、救护车及其他车辆遭到破坏。在这起"新加坡四十年一遇"的骚乱背后，舆论风波不断，但有关部门依法果断采取了一系列措施，有效引导了舆论场的走向，助推事件得以快速平息。

**【事件回顾】**

当地时间2013年12月8日21时23分，在新加坡的"小印度"社区，一名33岁的印度籍劳工醉酒后在交叉路口被一辆私人巴士撞倒。事发后，2名警察、部分医护人员和民防部队人员到达现场，试图将受害人从车底搬离。此时，2名劳工带头闹事，一些人拿起玻璃瓶和商店外的花盆当作武器，推翻警车并点燃路边的汽车。随后，被撞劳工当场不治身亡，引发附近约400名南亚裔外籍工人聚集，他们攻击了来到现场的警察等执法人员，造成40余人在骚乱中受伤，多辆警车和救护车被焚毁。新加坡政府紧急调动 300 名防暴警察协助恢复秩序，骚乱持续约 2 小时，至午夜时分得以控制。

为防止事态反复，在局势得到控制后，新加坡警方迅速依法逮捕涉嫌参与骚乱的人员；同时，宣布涉嫌参与骚乱者可依法维护自身合法权益，新加坡律师公会无偿服务办公室将安排律师为滋事者辩护。新加坡外交部也与印度驻新加坡高级专员署接洽，提出将为被告提供法律援助。次日，新加坡警方召开记者会通报事件进展，宣布共逮捕 27 名骚乱后不肯离去的人员，其中 24 人为印度国籍、2 人为孟加拉国国籍、1 人为新加坡永久居民，涉嫌违反新加坡关于示威活动的相关法律规定，新加坡副总理兼国家安全统筹部长及内政部长张志贤出席记者会。

【各方反应】

（1）舆论关注。事件发生后，《联合早报》《海峡时报》等新加坡主流媒体跟进报道，中国的中央电视台、英国的 BBC 等国际媒体予以关注，美国《商业周刊》等发表评论文章。新加坡舆论高度关注此次骚乱事件，媒体多以《新加坡"小印度"区发生数十年未遇骚乱》《新加坡印度族群居住地发生骚乱　警车救护车被烧》等为题进行报道。社交媒体方面，网民纷纷上传现场视频和图片，称"场面失控""激烈骚乱"，部分评论认为事件与新加坡大量引进外籍劳工有直接关联。

（2）政府回应。事件发生第二天凌晨 2 时 30 分，新加坡召开第一次记者会,由副总理兼国家安全统筹部长及内政部长张志贤、内政部第二部长易华仁、警察总监黄裕喜和副警察总监拉惹古玛主持,将事件定性为"持武器的严重骚乱"。凌晨3时许,新加坡总理李显龙通过社交媒体发布消息,誓言将全力追击肇事者。同时,新加坡政府有关部门持续通过社交媒体等网络渠道发布声明或相关动态,积极开展舆论引导工作,包括安抚外来劳工群体、慰问应急处突力量、呼吁避免进行种族性言论抨击、宣布试行限酒措施等。

【舆论引导及其启示】

作为新加坡自"1969年种族骚乱"以来发生的第二起骚乱事件,"小印度骚乱"引起了新加坡国内和国际舆论的广泛关注,背后隐现外来劳工、种族歧视、民粹主义等敏感话题。但纵观整起事件的舆论演变过程,有关部门在迅速给事件定性后能够积极作为,将网络舆论引导与官方处置举措紧密结合,形成了较好的效果。

(1)在各类媒体渠道均占据主动。在对突发公共事件的处置过程中,坚持通过主要舆论场表达官方的态度和立场,是这起舆论引导案例的重要经验。回顾此次事件,新加坡社交媒体平台一度充斥着大量的负面评论,他国媒体也针对新加坡的外来劳工待遇、贫富差距、社会稳定等提出质疑。对此,新加坡高层及政府多次召开新闻发布会进行沟通,消除了骚乱事态反弹的风险,把握了舆论场的走向。骚乱发生后,印度、美国的部分媒体发布不实或争议性报道,新加坡政府立即致函交涉并发表声明，及时对相关问题予以澄清。

（2）发挥了事后调查的积极作用。事发次日下午，新加坡总理李显龙向媒体发出声明，宣布将就此事件成立调查委员会，并呼吁民众保持冷静。随后，新加坡有关部门持续呼吁民众秉持负责任的态度，不要煽动排外情绪。事后来看，调查机构的及时成立为缓和舆论情绪带来了正面影响。2014年7月，由新加坡副总理兼国家安全统筹部长及内政部长张志贤负责的调查委员会公布调查结果称，醉酒、误解以及文化差异和心理因素是导致"小印度骚乱"的三大因素，该结果得到舆论认可。有效开展调查工作并按期公布进展，为做好舆论引导带来了重要启示。

（3）依法处置与网络公开相结合。按照新加坡的法律，外国人举办或参与未被许可的公众集会属于非法行为，而新加坡公民只能在指定场所进行示威。新加坡政府严格依照法律程序，依法果断采取措施，避免了骚乱的升级和扩大。在后续处理中，新加坡政府推出一系列治安临时性措施，并注意通过社交媒体平台发布动向，最大范围确保公众及时获知政府举措。例如在宣布实施禁酒令之前，新加坡交通部部长吕德耀通过社交媒体发布消息，表示正考虑在"小印度"社区试行限酒措施。类似举措为舆论场留出了过渡空间，有助于避免矛盾再次激化。

## 三、国内相关案例及分析

放眼国内，同样不乏在网络舆论引导方面处置得当的案例。下面的相关案例在处置过程中，政府部门合理发声，处理方式公开透明，信息发布及时准确，对合理引导舆论、有效化解舆论风险发挥了重要作用。

（一）坚决处置核心问题：吉林长春长生生物疫苗案件的舆论引导

2018年，问题疫苗成为"话题之王"，不仅因其热度居高不下，更因为事件从多方面反映出我国公共安全体系存在的问题，涉及政策制定、监督管理、处理惩罚多个环节。对于该事件，网民的关注点从疫苗安全本身到疫苗行业管理，再到相关体制机制建设，网民情绪跌宕起伏，事件的发展出乎意料。从舆情的发展来看，"问题疫苗"事件大致历经发酵、转折、回落三大阶段，随着对事件核心问题的妥善处理，舆情态势逐渐趋于平稳。

【事件回顾】

2018年7月15日，国家药品监督管理局（下文简称国家药监局）发布通告称，长春长生生物科技有限公司（下文简称长春长生）冻干人用狂犬病疫苗生产存在记录造假等行为。这也是长生生物科技股份有限公司（下文简称长生生物，为长春长生的母公司）自2017年11月被发现疫苗效价指标不符合规定后不到一年，再次曝出的疫苗质量问题。2018年7月16日，长生生物发布公告，表示正对有效期内所有批次的冻干人用狂犬病疫苗全部实施召回；7月19日，长生生物发布公告称,收到《吉林省食品药品监督管理局行政处罚决定书》。但在这起事关民生的事件背后,舆论并未因此处罚而平息。一周后,"问题疫苗"事件在自媒体与社交媒体的交互作用下快速发酵,最终演变为年度热点舆情事件。

引爆2018年舆论场的长春长生生物疫苗案件,可谓全年最重大的公共舆情事件之一。出于民生类舆论话题的敏感性与复杂性,政府在应对此类事件时难度极大,在缓和疏解舆论情绪、合理引导舆论走向方面,极易出现舆情的反复。

**【舆论演变过程梳理】**

(1)舆论潜伏期(2018年7月15日—20日)。7月15日,国家药监局通报长春长生违法违规生产狂犬病疫苗;7月17日,长春长生回应对狂犬病疫苗的处理,长春长生发声明称,已按要求停止狂犬病疫苗的生产,并"深表歉意"。7月18日,吉林省食品药品监督管理局(现已更名为吉林省药品监督管理局)对长春长生生产不合格百白破疫苗处以344万元的行政罚款。7月19日,狂犬病疫苗一波未平,"百白破"疫苗一波又起,长生生物发布公告,称其子公司长春长生收到吉林省食品药品监督管理局关于"百白破"疫苗旧案的处罚决定书。此阶段可以看到,国家药监局已经公示了对商家的处罚意见,长春长生也已经针对处罚在第一时间发布公告,舆情态势比较平稳,相关新闻未引发大规模报道。但分析已有评论可以发现,网民关注点集中在不合格疫苗的危害、处罚过轻、问题疫苗再现等方面,而相关企业的承诺未能回应相关质疑，为之后的舆论爆发埋下了诱因。

（2）舆论爆发期（2018年7月21日—23日）。7月21日，一篇题为"疫苗之王"的自媒体文章引起大量的转发与关注，问题疫苗引起公众的广泛关注。舆论进入爆发期后，国家药监局立案调查并责令长春长生停产；长春警方对长春长生违法违规生产狂犬病疫苗进行立案调查。7月22日，国务院总理李克强就此疫苗事件作出批示要求，国务院立刻派出调查组，对所有疫苗生产、销售等全流程全链条进行彻查，尽快查清事实真相，不论涉及到哪些企业、哪些人都坚决严惩不贷、绝不姑息。对一切危害人民生命安全的违法犯罪行为坚决重拳打击，对不法分子坚决依法严惩，对监管失职渎职行为坚决严厉问责，尽早还人民群众一个安全、放心、可信任的生活环境。7月23日，正在国外访问的中共中央总书记、国家主席、中央军委主席习近平对吉林长春长生生物疫苗案件作出重要指示指出，长春长生生物科技有限责任公司违法违规生产疫苗行为，性质恶劣，令人触目惊心。有关地方和部门要高度重视，立即调查事实真相，一查到底，严肃问责，依法从严处理。要及时公布调查进展，切实回应群众关切。习近平强调，确保药品安全是各级党委和政府义不容辞之责，要始终把人民群众的身体健康放在首位，以猛药去疴、刮骨疗毒的决心，完善我国疫苗管理体制，坚决守住安全底线，全力保障群众切身利益和社会安全稳定大局。由此，国务院建立专门工作机制，并派出调查组进驻长春长生进行立案调查。此阶段，相关新闻报道量出现指数级增长，社交媒体对此进行广泛传播，事件调查逐渐深入，牵扯到腐败、经济利益等议题，影响扩散至其他疫苗的生产企业。

（3）舆论蔓延期（2018年7月24日—8月15日）。7月24日，长春长生董事长高某芳等15人被刑事拘留。7月27日，国务院调查组基本查清：长春长生为掩盖事实销毁相关证据，狂犬病疫苗由不同批次原液勾兑。7月29日，长春警方提请检察院批捕长春长生董事长高某芳等18人。7月30日，国务院听取长春长生违法违规生产狂犬病疫苗案件调查进展汇报，要求涉案疫苗回收销毁。随着国家司法机构的介入，事件的来龙去脉已基本查清，对相关涉事企业的调查与处罚陆续发布，舆情态势基本稳定。

（4）舆论终结期（2018年8月15日后）。8月16日，根据国务院调查组的调查结果，吉林省委召开常委会议研究决定，对长春长生违法违规生产狂犬病疫苗履行监管职责不力、履行属地管理职责不力、负有直接责任和领导责任的相关人员进行组织处理。同日，公安机关对长春长生案件的侦查完结并依法将犯罪嫌疑人全部移送起诉。李克强总理主持召开国务院常务会议，听取长春长生生物疫苗案件的调查情况汇报并进行相关处置。相关工作部署高度契合舆情应对的时效性，为"问题疫苗"事件的舆论平息带来了有力保障。

【舆论引导及其启示】

（1）国家领导人及时作出重要批示指示,给群众吃下"定心丸"。2018年7月22日李克强总理作出批示,确定了严查、彻查的事件应对总基调。舆论进入爆发期后，正在国外访问的习近平总书记作出重要指示，有力推动了各部门加快调查。相关批示、指示正处在事态舆情发展的关键点上，顺应了民意，为合理引导网络舆论提供了政策支撑，成为舆情应对的转折点，符合舆论演变规律。

（2）及时公布调查结果并从严处置，注意回应群众关切的问题，有效纾解了舆论消极情绪。从此次长春长生生物疫苗案件来看，舆论引导的重要一环就是对案件进展的及时公布。1961年，美国陆军医院资深急救科医师亚当·考利首先提出"黄金1小时（Golden Hour）"原则，之后该原则被广泛运用到危机应对领域，对回应突发事件的时效性提出了明确标准。较之常规的新闻发布，突发事件往往涉及公众利益和公共安全，党政部门容易成为舆论质疑的对象。2016年11月15日，国务院办公厅印发《〈关于全面推进政务公开工作的意见〉实施细则》，要求对涉及特别重大、重大突发事件的政务舆情，要快速反应，最迟在5小时内发布权威信息，在24小时内举行新闻发布会。发声越晚，舆论引导就越容易陷入被动；发声越早，舆论引导就越主动。相关部门对信息公开制度的严格落实，为舆论引导带来有力支撑。民之所向，政之所至。与人民最广泛的利益站在一起，永远是开展舆论疏导工作的第一原则。

（3）及时关注并重视"下一代"舆情的敏感性。"问题疫苗"事件之所以会成为"舆情海啸"一般的现象级舆情事件，就是因为牵扯到了民众最脆弱的神经——"下一代"，即关于未成年人成长的民生类问题。梳理近年的舆情事件，可以发现，当热点话题与"下一代"结合时，往往会引发舆论的高度关注。如学区房、幼儿园、课外培训等相关事件，舆论热点的形成和走向令人猝不及防，政府部门因其反应处置往往滞后于事态发展，容易陷入被动局面。在本案例的处置过程中，有关部门紧紧围绕儿童健康给出回应和妥善安排，同时快速调查处置案件，抓住痛点，有效避免了"下一代"舆情的发酵。

（二）全面呼应公众诉求：江苏昆山铝粉尘爆炸事故的舆论引导

安全生产舆论热点常常引发舆论聚焦，使得政府的舆情应对及引导能力持续经受考验。回顾2014年江苏昆山一起事故的处理过程，其舆论引导工作的相关做法具有可借鉴的正面意义。

【事件回顾】

2014年8月2日7时34分，位于江苏省苏州市昆山市昆山经济技术开发区的昆山中荣金属制品有限公司抛光二车间发生特别重大铝粉尘爆炸事故，当天造成75人死亡、185人受伤，直接经济损失3.51亿元。8月2日7时35分，昆山市公安消防部门接到报警，立即启动应急预案，先后调集7个中队、21辆车辆、111人赴现场救援。8时03分，现场明火被扑灭，共救出被困人员130人。交通运输部门调度8辆公交车和3辆卡车运送伤员至昆山各医院救治。环境保护部门立即关闭雨水总排口和工业废水总排口，防止消防废水排入外环境，并开展水体、大气应急监测。安全监管部门迅速检查事故车间内是否使用了危险化学品，防止发生次生事故。

事故发生后，江苏省及苏州市政府立即启动应急预案，省、市有关领导及有关部门负责同志赶赴事故现场，及时成立现场指挥部，组织开展应急救援和伤员救治工作。苏州军分区、昆山人民武装部、解放军一〇〇医院等先后出动120余人投入事故救援和伤员救治工作。8月2日16时30分，昆山市市长路军就昆山工厂爆炸事故主持召开新闻发布会。面对近百名记者，路军悲痛难已，当场落泪，发布会现场集体为遇难者默哀。

2014年8月7日，江苏昆山爆炸涉事企业董事长、总经理被刑事拘留。2014年12月30日，国务院对江苏昆山市中荣金属制品有限公司"8·2"特别重大铝粉尘爆炸事故调查报告作出批复，认定这是一起生产安全责任事故，同意对事故责任人员及责任单位的处理建议，依照有关法律法规，对涉嫌犯罪的18名责任人移送司法机关，对其他35名责任人给予党纪、政纪处分。2016年2月3日事故集中宣判，所涉14名被告分别被判处3年至7年6个月不等的刑罚。

此后，地方党委、政府及有关部门持续做好医疗救治、事故伤亡人员家属接待及安抚、遇难者身份确认和赔偿等工作，并按照医疗救治、善后安抚两个"一对一"的要求，对遇难者家属、受伤人员及其家属分步骤进行了心理疏导，积极开展善后工作，保持了社会稳定。

**【舆论引导过程】**

该案例中，地方官方媒体的表现可圈可点。在事故发生初期，江苏省广播电视总台快速反应，第一时间启动全媒体新闻应急机制，以满足公众在短时间内对事故处理进展及最新动态的巨大需求为核心，以实时的视频传播为主导，同时融合联动网站、微博、微信、手机客户端、IPTV、地铁公交移动电视等新媒体平台，快速同步，在全媒体各个平台上均要求第一时间发布消息，进行全覆盖的新闻信息发布，实现了多媒体、多维度的集中式报道，从而抢占了突发事件信息发布的"第一落点"，确保没有出现信息"真空"，为有效掌握舆论引导的话语权和主动权获得了先机，为事故的善后处理营造了良好的舆论氛围。事后舆情回顾阶段，曾有媒体评论认为，江苏省广播电视总台昆山"8·2"特大事故融合报道的实践表明，在新媒体时代，主流媒体只有不断增强媒体融合度，有效提升全媒体传播力，才能更好地发挥正面的舆论引导作用。

值得一提的还有事故后的首场新闻发布会。事故首场发布会原定当天16时在苏州昆山举行，却因故推迟半小时举行。但各家新媒体的新闻编辑部与现场记者一直保持在线联系，现场记者从发布会前夕开始全程直播，信号通过卫星传输到南京，并同步收录至新闻中心制播网，供各种媒体平台使用，有效安抚了民众的情绪。

**【舆论引导及其启示】**

整体来看，政府在此次事故中的应对整体是积极正面的。昆山当地公安、消防、安监等直接相关部门以及环保等间接相关部门均能够及时行动，主动联合发声，避免了被动发声可能带来的不信任感。爆炸事故发生后，周边居民对爆炸可能造成的环境污染有所担忧。针对这种情况，江苏省环保厅对爆炸地区周边空气、水源进行了实时监测并主动发布消息，消除了周边居民的隐忧，消解了让舆情进一步升级的部分潜在因素。同时，地方媒体表现良好，较好地回应了民众迫切希望得到有效信息的诉求，也避免了谣言的大范围传播。

近年来，类似化工厂爆炸的事故时有发生，引起了各地方政府的高度重视。政府也在一系列惨痛的教训中，逐渐形成了一套相对完善的舆情应对机制，对化工厂爆炸类事故的处置制定了相应预案，如政府迅速回应，成立应急指挥小组，及时投入救援力量，召开新闻发布会，回应民众关切的问题，做好事故调查，事故后进行反思、反省与整改，对相关责任人做出处罚，加强化工企业的安全监管等。应该说，一套流程清晰、操作性强的舆情应对机制，有利于防范安全生产事故等带来的舆情危机。在2014年的昆山化工厂爆炸事故中，我们看到了政府应对方式的进步，这也证明只有坚持采取积极主动的应对态度，才有助于从源头打消舆情中反映出来的公众的疑虑。

## （三）合理释放爱国情感：杜嘉班纳辱华事件的舆论引导

近年来，在网络舆论场产生的意见冲突层出不穷，随着国人民族自豪感和自尊心的日益增强，涉民族情感事件在网络舆论的催化下，更易被激化形成热点舆情。总体上，我国网民呈现出爱国情绪"易燃度高"和"网络护国"人数众多的特征，并开始注意形成不卑不亢的国民心态。

【事件回顾】

2018年11月，意大利奢侈品牌杜嘉班纳（D&G）的一则广告片因为"中式发音""模特用奇怪的姿势拿筷子吃比萨、意大利式甜卷"等片段，被指涉嫌歧视华裔。有网民通过社交软件向该品牌设计师斯蒂芬诺·嘉班纳发送私信，希望其尊重中国文化，遭该设计师使用侮辱性词语回复。相关对话的截图在网上流传，迅速引发境内外舆论的高度争议。11月21日，杜嘉班纳原计划在上海举办的品牌大秀取消，事件舆情进一步升级。杜嘉班纳并未积极回应，仅删除了官方微博上的相关视频，更是引发了网民的不满。

当日，微博等社交平台集中讨论相关事件，舆论形成不可逆转之势。首先是我国明星集体发声抵制"辱华"品牌，随后我国参展模特表示罢演杜嘉班纳品牌秀。原本将出席晚宴的李冰冰、陈坤、章子怡等知名演艺人士均表示不再出席。受此影响，杜嘉班纳宣布取消上海时装秀，但"D&G辱华"

舆论仍在网上不断发酵，网民的爱国主义情绪高涨。事发当晚至次日，品牌代言人迪丽热巴的工作室宣布终止与杜嘉班纳的合作，淘宝等电商平台多家海外代购店铺表示暂不接受该公司的订单。22日，杜嘉班纳就辱华事件再度发声，但未道歉。23日下午，杜嘉班纳官方发布道歉视频。

### 【多方积极发声引导舆论走向】

首先，官方媒体主动表态为事件定性。事发当天，共青团中央官方微博账号就第一时间表态称："我们欢迎外国企业来华投资兴业，同时在华经营的外国企业也应当尊重中国，尊重中国人民。这也是任何企业到其他国家投资兴业、开展合作最起码的遵循。"次日，我国外交部发言人耿爽在回应记者有关该事件的问询时表示，中方不希望此事上升为外交问题，但外界应了解中国民众如何看待这一问题。《人民日报》、新华社、《光明日报》等官方媒体均对此事件给予高度关注，如新华社评论D&G辱华行为"没有尊重，必犯众怒"，《人民日报》评论称"不尊重他人者只会被抛弃"。

其次，主流市场化媒体及社交平台形成合力，使事件舆情集中于爱国主题。网络媒体如凤凰网、搜狐网、网易新闻、观察者网等，均持续关注事件的进展，发表了相关文章。值得关注的是，微博成为事件酝酿发酵的"主战场"，相关话题阅读量超过20亿次，网民讨论量超过2000万条。众多明星通过微博平台公开发声，谴责品牌方的行为，连番坚决表态助推爱国热情不断升温，此话题在当日微博热搜话题中排名第一。

**【舆论引导及其启示】**

官方媒体与明星"大V"声调一致,增加网民正向感知。在涉及民族情感的热点事件中,有一种动向值得关注,即明星在其中的角色和能量。尤其是在此次事件中,在官方媒体积极发声后,明星集体"罢演"成为推高爱国情绪的主要力量。明星群体本是社会的一部分,与社会其他群体有着密切联系。从相关舆论话题来看,当下明星的社会形象有着更为丰富的内涵。明星们不仅有意愿参与社会公益事业,还积极参与公共话题的讨论,甚至主动设置议题发挥自身的影响力。广大明星从具有单一的职业身份到具有多重的社会身份,从被塑造形象到主动履行社会责任,这既反映了社会力量的壮大,又在一定程度上促进了社会力量的壮大。明星不再只是歌手或演员,更可能是志愿者、慈善家、投资人以及"意见领袖"。这也为类似舆论的引导工作带来启示,即重视社会"意见领袖"的积极作用,与其形成正向舆论引导的合力,使舆论向着正面的方向发展。

在此类网民参与度极高的话题中,应注意合理引导网民情绪,以防过度渲染造成"反作用力"。在该案例中,官方在微博这一事件的主要舆论场上及时发声,表明态度,对第一时间引导网民情感发挥了有益的作用。多数网民对杜嘉班纳辱华视频、言论表示强烈愤怒和谴责,部分网民为"国家表态"、明星主动抵制活动点赞,相关动向进一步激发了民众的爱国情怀和民族认同感,舆论场中的负面情绪一直以该品牌为核心,没有出现迁移和偏离,几乎没有出现借机炒作或借题发挥的情形。

但也应意识到，网络表达日益多元化的背后，网民心态也日益复杂。如果网络媒体对民族情绪的渲染不断放大，可能导致"爱国热点"向其他社会共性矛盾转移。民族情感是团结网民、促进国家凝聚力形成、组织广泛统一战线的利器，但如何把握运用民族情感的"度"，还需在实践中继续探索。

应该说，网络媒体的快速传播极易使类似案例爆发出舆论热度，发酵为典型的社会公共事件。明星作为公众关注点，代表着网络舆论场中宝贵的注意力资源，应更加重视和开发这类注意力资源，为合理引导网络舆论提供助力。

## （四）及时疏导负面情绪：高校社团"官僚化"问题的舆论引导

2018年国庆假期中，成都航空职业技术学院某学生社团学生在微信群中"逞官威"引发争议，网友纷纷讲述起自己在学校社团中遇到的官僚现象——过节强制要求给学生会主席、部长发祝福短信；社团成员发短信写错上级名字，被罚抄50遍、被要求开会做检查等，引发网上持续热议。

**【事件回顾】**

2018年10月开始，陆续有微博爆料称，现在高校的社团越来越"官僚化"，如成都航空职业技术学院有学生在"社联新生群"内询问是否开会并"@社联副主席"，结果被要求"注意自己的身份"。随后，在微博"同学在群里问7号要开会吗"的话题下，有网民曝光了更多自己学校的"社团干部逞官威"现象。例如,一位社团成员因写错社团部长/主席的名字被要求抄写50遍,还要"开大会检查";另一学生把社团要求给社团部长/主席发"节日祝福"的消息截屏发到贴吧,被社团成员找上门要求道歉;江苏盐城技师学院某学生,因为在群里回复学生会干部"哈哈哈",被罚写400字的检讨;四川理工学院一社团成员发送祝福时写错名字,被要求在大会上检讨。相关事件大多配发了微信群对话截图,形成"有图有真相"的传播效果,在网上形成大量转发。

**【舆论引导过程】**

(1)涉事学校回应。2018年10月2日凌晨1时许,成都航空职业技术学院发布声明回应称,"同学在群里问是否开会"事件确为学校社团联合会两位同学所为,学校立即对当事人进行了思想教育和心理疏导,当事人也深刻认识到自己的问题并积极改正。虽然此事是学生的个人行为,但也反映了学校对社团干部的教育管理还不到位。同日,四川理工学院官方微博发布声明称:"学校已收到关于我校学生干部在工作中不妥言辞的相关反映,学校党委高度重视,已经开始着手调查此事。"11月2日,盐城技师学院团委回应记者称,该学生干部出发点是加强管理,但措辞生硬,伤害了同学,校方已对其进行了批评教育。

(2)网络媒体集中报道。微博是此次事件的发源地,话题引发了网民集中讨论。随后,新浪微博发起"学生之间的官僚作风都有什么,说说你讨厌的学生官僚主义"话题,学生积极参与话题互动，纷纷吐槽自己经历过的"学生官僚"事件，舆论热度持续走高。"新京报书评周刊""今日评论"等多家媒体的微信公众号介入事件的讨论，舆论加速蔓延。

（3）官方媒体发表评论文章，呼吁回归校园社团的淳朴之风，杜绝学生干部之中的"官气"和"官僚主义"。新华社发表文章《学生官僚化现象值得警醒》称，部分高校学生组织就像"小官场"，"抱大腿""混圈子""打招呼"等不正之风盛行，新华社的评论文章《辛识平：学生干部的"官气"要不得！》对该现象进行了批评，并称"一些高校的学生组织'官风'很盛，实质上是官本位思想……"《新京报》评论文章《高校社团官气横生、虚荣跋扈，到底是什么惹的祸？》等，则把话题讨论引向探讨学生"官气"的由来、高校管理责任以及相应呼吁等方面。

【舆论引导及其启示】

（1）传统媒体的严肃性在众说纷纭的网络时代"一锤定音"，奠定了舆论基调，引导舆论"当仁不让"。此次事件中，网上众说纷纭的高校官僚作风事件愈演愈烈，话题讨论量居高不下。新华社等权威媒体对舆论场的喧哗进行了总结，深入分析了事件的危害性。最关键的是，官方权威媒体的评论文章"一锤定音"，说出了广大网民的心声，在为事件总结并奠定基调的同时，也在一定程度上代表了官方的态度，引导了舆论发展的方向，成为此次事件舆论引导的"定海神针"。

（2）校方及时回应，显示高校"网感"正逐步提升。从校方的回应来看，各校均在第一时间发布公告，表示对事件的关切，并通报对相关涉事人员的处理结果，在一定程度上呈现了"及时处理、不姑息纵容"的态度，也表明高校在一定程度上意识到，网络舆情应对时间紧迫，舆情汹涌时，采用"拖字诀"绝不是最好的方式。在新时代网络环境下，针对舆情事件，不回避问题、要解决问题的思路值得推广和借鉴。

（3）青年群体网上参与度高，与舆论引导的正向作用力"短兵相接"。2018年大学校园迎来第一批"00后"，"95后"也逐渐迈向工作岗位，走入社会。以"95后""00后"为代表的青年群体逐渐成为社会重要的新生力量，并在各项社会事务中担任着愈发重要的角色。与其他网络舆论中的群体相比，青年群体网龄长、上网时间长、熟悉网络应用技能、了解网络文化，是不可忽视的网络舆论影响者。从这方面出发，高校作为青年群体汇聚地，时刻关注青年群体的价值导向，营造风清气正的校园风气，将在社会公共事务的舆论引导工作中发挥更大作用。

## 四、合理引导网络舆论的共性分析

通过分析国内外舆论引导的经典案例可以发现，科学有效地引导网络舆论是具有现实依据的。正确引导网络舆论，一要大力彰显核心网站的公信力，二要网络媒体与传统媒体结合，三要建立网络管理保障机制，并增强现有网络媒体的正义性和正确性。面对自媒体时代的狂欢，从舆论发酵到舆论爆发，再到舆论的平息，值得认真总结现有经验。

## （一）国外舆论引导经验：依规有序推动问题解决

国外媒体应对舆情事件大多以跟进为主，注重推动事件向前解决，虽然各自为政、各自引导舆论的情况也时有发生，但在法律框架下为事件的解决提供了多种可能。以美国为例，美国政府影响网络舆论的方式大致可分为两种类型：积极引导和消极管控。对于涉及国家和社会公共安全的问题范畴，美国政府进行信息沟通的主要途径是白宫的新闻发布体系，通过一系列的媒体管理规定引导网络舆论。美国政府影响网络言论的依据主要基于两个方面，即以保护青少年的名义进行审查，或以保护国家及大多数人民安全的名义进行审查。在必要条件下，美国联邦调查局也可能启动专项调查，对网上的特殊群体进行监控，审查其网络言论和信息发布行为，甚至采取手段对监控对象进行处理。

总结国外舆情处置案例，其共性经验可以归纳为以下两点。一是围绕舆情事件的信息公开机制已趋成熟。国外政府大多十分重视对传统媒体和以社交媒体为代表的新媒体的监管与应用，政府习惯于通过第一时间召开新闻发布会等方式通报相关情况。如日本政府要求地震发生后，内阁官房长官应每两小时召开一次新闻发布会，向公众及媒体通告最新情况，积极利用媒体公开信息，持续通报事态进展。二是社交媒体在舆情应对中的重要作用日益显现。互联网既是政府传统舆论引导方式的补充，也是特定时期舆论引导的主阵地。以美国为例，政府、政党和政客日益重视互联网对舆论的影响。

美国总统特朗普自上任以来,持续在社交媒体平台发布政见、公布消息甚至进行舆论引导,这也表明社交媒体在网络舆论中已占据非常重要的地位。

### (二)国内舆论引导经验:权威发声结合源头治理

结合上述案例分析,国内在网络舆论引导中主要积累了三方面的经验,这些经验具有一定的普遍意义。

**一是发挥主流媒体"定海神针"的作用,在重要网络舆情事件中及时发声,确定舆论基调,合理引导舆论走向。**传统媒体的信息发布权在一定程度上受政府把关,遇到"问题疫苗"这类关乎公众安全的事件时,因编审程序复杂,对报道的时效性有一定的制约。但传统媒体应意识到自身优势,在自媒体平台信息不够权威、谣言肆虐、深度不够的"泡沫"中,提炼舆论发展的主要信息,厘清公众关注的焦点问题,积极发声,坚决表态,在舆论中形成"正向传导机制",带领网民实现"正能量共鸣"。前文提到的高校学生官僚化案例就明显体现出主流媒体定基调、稳舆论的特点。

**二是对网络媒体进行源头治理,确保互联网内容治理制度化,营造良好的舆论生态。**在2018年的网络舆论场中,内涵段子永久关停、秒拍下架、二更食堂永久关停等一系列互联网内容治理动作引发关注。综合分析2018年互联网治理的话题,当前网络空间治理的主体和依据越来越规范,"约谈—下架—关停"的阶梯举措督促互联网内容平台树立底线思维。

在网络舆论场中，各类互联网平台是舆论的直接"原产地"，是"爆款"舆论的直接制造者。由于互联网平台的营利属性，很多内容的生产创作不是以"真善美"为初衷，而是为了博眼球、追流量，这样就不可避免地出现舆论场中的"搅局者"。在当下的互联网舆论引导机制中，网络媒体的源头治理是重要一环，不是简单删帖就可以解决问题，而是要从根本上实现网络媒体的规范化、合法化，通过"约谈机制""正向激励"等举措使政企协调机制更加顺畅地发挥作用。

　　三是保障民众正常表达诉求的空间，遵循舆论发展的阶段性特征，疏堵结合，开展合理引导。随着"后真相"时代的来临，舆情反转频发，网络舆论愈加容易被情绪操纵，给予年轻群体足够的表达空间变得十分必要。在舆情事件爆发和发酵的过程中，保证为网民提供充足的讨论空间是纾解网民情绪的必要步骤，如果贸然对相关信息进行粗暴的删除，可能会增加舆情事件平复的"反作用力"，导致负面情绪找不到出口。例如2017年11月的北京红黄蓝幼儿园虐童事件披露之后，一些自媒体发布了不属实和不恰当的信息，这些信息未能及时得到澄清，部分不实文章被撤下后，反而加剧了公众的焦虑和恐慌情绪。随着后期事实被公开，各种网民意见在质疑与自辩中碰撞、弱化、消逝，理性声音不断占据主流，事件的舆情才得以进入良性轨道。

# 第三章

# 近年来网络舆论引导失当的案例评析

一、网络舆论引导面临的挑战

二、国外相关案例及分析

三、国内相关案例及分析

四、网络舆论引导不力带来的消极影响

近年来，随着网络的深入发展，网络舆论也进一步呈现出复杂性和难以把控性，给国家及社会治理带来一定挑战。在网络传播环境下，网络舆论面临宣传飞沫化、认知分散化、危机常态化、传播碎片化、引导迟滞化等方面的挑战。通过梳理近年来各国政府面对突发舆情事件时出现引导不力的案例，从中总结一些经验教训，或可为今后的网络舆论引导工作提供一些借鉴。

## 一、网络舆论引导面临的挑战

法国作家埃蒂耶纳·卡贝在《伊加利亚旅行记》一书中写道，舆论是无冕之王。网络舆论在多个方面延续着舆论对于人类社会的重要角色。舆论亦是一柄"利刃"，法国思想家布莱兹·帕斯卡尔在其《思想录》一书中写道："实力，而非舆论，方能称雄世界；然而，舆论却能瓦解实力。"可见，舆论事关国家发展大局，舆论引导工作不可或缺。习近平总书记多次强调这项工作的重大意义，2016年4月，在网络安全和信息化工作座谈会上明确要求，对广大网民，"要多一些包容和耐心，对建设性意见要及时吸纳，对困难要及时帮助，对不了解情况的要及时宣介，对模糊认识要及时廓清，对怨气怨言要及时化解，对错误看法要及时引导和纠正"。当前，我国网络舆论引导工作主要面临五方面的挑战，如图3-1所示。

图 3-1 当前我国网络舆论引导工作面临的挑战

## （一）宣传飞沫化

"宣传飞沫化"是指各机构通过各类媒体所进行的单向灌输式宣传，在公众那里变成了空气中的"飞沫"，人们要么感觉不到这些信息的存在，要么对此视而不见[17]。造成"宣传飞沫化"的原因如下。一是信息过载。在信息爆炸的时代，每天都有海量的信息生成，而每个人的大脑容量、心智空间和信息处理能力却非常有限。只有人们需要或者期待的信息才能真正引起人们的关注。二是刻板印象。刻板印象通常可理解为人们对某类人或某类事所持有的固定而笼统的判断。如果人们对某些机构持有负面的刻板印象，那么这些机构的单向宣传就很难影响人、打动人。三是话语陈旧。某些宣传话语难以触动越来越挑剔的受众。当前政府在做一些宣传或者回应时，一方面习惯用官方语言回应公众，缺乏亲和力，造成民众对官方回应产生"假、大、空"的刻板印象，拉大了政府与公众之间的距离；甚至很多政务新媒体平台也"官腔"严重，用"高度重视""积极、立即""有关部门"等套话回应公众评论，引起公众反感，不能达到解决公众困惑、传播正确舆论导向的作用。另一方面，部分政府机构可能出现过一些不当回应，给人们带来不信任感，直至这种不信任感成为常态，政府的网络舆论引导工作也就失去了应有的基础。

## （二）认知分散化

随着网络自媒体平台的兴起，网络舆论形成的环境与以往大不相同。以往传统媒体的环境下，各类舆论引导主体如电视、报纸等，都是信息的"把关人"，掌握着舆论话语权和主导权，面向公众的传播即使不是"一呼百应"，也能收获比较积极的信赖。但如今，网络"去中心化"特征越发明显，传统媒体不再是唯一的信息获取渠道；公众不再是被动的"接收者"，而是在网络的助推下成为更具主动性的"提问者"和"参与者"。自媒体由于通常缺少对信息传播合理及严格的审核机制，有时传播的信息未经核实即发布，有时发表的言论缺乏责任感和理性，有时放弃理性而热衷于煽动、造谣。

2016年，伴随着英国举行"脱欧公投"、特朗普当选美国总统等国际热点时事，Post-Truth（后真相）成为《牛津词典》收录的当年的十大新词。根据《牛津词典》的解释，"后真相"意为"诉诸情感与个人信仰比陈述客观事实更能影响民意的一种情形"。当前，"后真相"现象在网上时有发生，对网络舆论生态的影响非常明显。一方面，舆论场具有开放和自由的特性，人们可以随时、随意发表看法，不用顾及他人感受。另一方面，舆论场具有自囿性与排外性，人们在网上基于文化、习俗、职业、爱好等因素，构建起形形色色的"群"或"圈"。而"群"或"圈"中的"信息茧房[注11]"效应特别明显，同一种声音、价值观在内部不断得到传播、强化，促使成员对其产生依附感与认同感，他们的思想、价值观将更加自我、封闭、固化，容易导致极端思想的滋生与蔓延。

## （三）危机常态化

人们已经意识到，在一个任何人都可以借助微博、微信、论坛等网络平台发声的时代，网络舆论热点事件随时都可能发生。网络舆论具有独特的个性。一是爆发的瞬时性。光速般传递的网络信息加上不同网络群体意见的快速碰撞，热点舆论可以在极短的时间里走向极端，在缺少合理把控的情况下，很可能直接形成舆论危机。二是影响的广泛性。网络媒介对时空限制的突破，远远超过报纸、广播、电视等传统媒介，互联网上的每个终端之间构成了近乎无限的连接。这种高度分散的信息传播机制，使负面舆情可在极短的时间内传到任何一个可以上网的地方。三是难以预测性。网络相比其他媒介，具有完全不同的物理结构，要完全控制它是不可能的事情。四是后果的严重性。舆论作为公共意见的表达，有时看似只是公众情绪的反映，却与政府形象及执政能力紧密相关，若负面舆情处置不当，很可能酿成公共危机。

## （四）传播碎片化

"碎片化"（Fragmentation）是对当下新兴社会媒体传播语境的形象概括，通常包含三层含义：一是信息传播的随意性较强；二是完整的信息需要通过传播者多次发布并整合才能形成；三是需要多位传播者共同来完成一条完整信息的传播。

随着移动互联网应用的日渐普及，人们获取信息的时机更频繁、信息更琐碎，这既体现为信息获取行为的"碎片"，也意味着所获取的内容呈现出凌乱、无关联的"碎片"状态。在行为方面，中国互联网网络信息中心的统计调查显示，截至 2020 年 3 月，我国网民人均每周上网时长已超过 30 小时，对移动互联网的使用黏性不断提升。在内容方面，为了适应公众零散、高频的信息需求，各类媒体不仅通过全天候的密集提醒、算法推送、场景匹配等持续吸引公众注意力，还有意识地变革信息生产流程和传播策略。例如媒体在进行事件报道时，更加注重时效性，追随事件的发展进行推送，甚至专注于捕捉事件背后的某一个片断或细节，使公众同时接触到大量不同视角的信息，加剧了信息获取的碎片化趋势。而这种"碎片化"的阅读态势，使人们相较于传统媒体的"宏大叙事"和"长篇阔论"，更青睐采用以个体经验为视角的"微视角"和"微内容"。

（五）引导迟滞化

在网络舆论引导工作中，最常出现的问题就是政府回应滞后。一般而言，在出现网络舆论关键性意见到政府有效回应的这段时间内，如果责任部门没有在第一时间发布信息，就可能错过舆论引导的先机，造成后续传播偏离事件核心议题，带来更多的不稳定因素。同时，公共突发事件舆情一般会快速进入敏感期，如果处理不够及时或与媒体沟通不足，很快就会有不实信息开始流传。

在网络媒体崛起的背景下,自媒体与即时通信工具相互渗透,深刻参与舆论进程,舆论热点的出现和扩散瞬息万变,对舆论引导时效性的要求不断提高。传统舆论环境下发布权威消息的时间要求及流程,已经难以跟上当前网络舆论变化的速度。

从当前我国政府的应急处置能力来看,部分地方官员的思维尚未完全跟上网络信息时代的节奏和步伐,对网络舆论的力量及其对政府声誉的影响还缺乏足够的敏锐度,往往只有在网民频频呼吁政府介入时,他们才"千呼万唤始出来"。而针对公共突发事件的舆情快速响应能力,将直接决定后续舆论负面影响的大小。

## 二、国外相关案例及分析

突发事件的舆论本身就是难以应对的,互联网环境下的舆论则更为错综复杂。即使是通常被视为信息公开程度较高的发达国家的政府也未必能够从容应对,国外政府应对网络舆论不力的情况也时有发生。

### (一)"深海浩劫":美国墨西哥湾钻井平台爆炸

离岸 64 千米以外,广阔的墨西哥湾洋面上矗立着世界顶尖的海上钻井平台"深水地平线"。施工团队在进行破纪录深度的钻井作业时,突然遭遇井压不稳,压力冲击导致安全系统失灵,随即引发连环爆炸。深海原油冲破井盖喷涌而出,形成数十米高的油柱，冲天大火随之而来。数百万吨原油倾泻而出，整个钻井平台及附近的海平面被遮天浓烟和熊熊大火包围，变成人间炼狱，126名钻井工人被困其中……这是2016年上映的影片《深海浩劫》中的情节，也是这一残酷事件真实的艺术呈现。

【事件回顾】

当地时间2010年4月20日晚，英国石油公司（下文简称BP公司）位于美国路易斯安那州墨西哥湾海面的"深水地平线"石油钻井平台发生爆炸，事故造成11人失踪、17人受伤，引发500万桶原油泄漏，覆盖周边2500平方千米的海域，持续87天，当时被称为"人类史上最严重的海上漏油事故"。面对这一公共危机，美国政府第一时间展开公关。但据英国BBC报道，这场灾难使美国政府陷入"舆论风暴"，舆论引导措施并未如愿达到传播效果，政府形象受到一定损害。当年年底，推特评选出年度十大热门话题，墨西哥湾漏油事故高居榜首。

【舆论引导反思】

（1）事故初期的政府公关。墨西哥湾石油泄漏事故发生当天，美国政府对此并未形成高度重视，当晚美国海岸警卫队报告显示情况稳定，没有漏油迹象。直至4月28日，事故不断恶化，美国政府才全面介入救灾并展开公关行动。美国政府在事故爆发初期的迟缓行动，使其落入了舆论包围圈，失去了引导舆论的主动权。5月初，漏油事故成为美国最主要的新闻，公众的聚焦和现状的恶化导致针对政府的指责增多。CNN、《今日美国》、《基督教科学箴言报》对墨西哥湾石油泄漏是否为"奥巴马的卡特里娜[注12]"做出报道。美国《琼斯》月刊认为，美国政府缺少承担责任的勇气，将烂摊子留给了BP公司，而不主动接盘。美国国会众议院议员迈克·彭斯批评道："美国人民希望知道，为什么政府反应迟缓，为什么必需的设备没有立即送入事故发生地区，为什么总统没有全面部署内阁官员？"美国《华尔街日报》称，"基于联邦政府的文件，对白宫以及美国海岸警卫队官员、州和地方政府官员的采访，考察了美国政府对事故的应对情况，发现'茫然、不知所措'一定程度上拖延了决策速度"。

（2）事故高峰阶段的政府公关。在事故逐步恶化的过程中，美国政府一改前期的滞缓，迅速启动了政府公关。首先，政府多个部门开始参与漏油事故的处理，包括海岸警卫队、行政管理和预算局、司法部等。奥巴马5月17日宣布成立调查委员会，宣称政府将"动用手中全部资源，不遗余力"地解决墨西哥湾油污扩散危机。其次，白宫开展媒体公关，向媒体发放资料，介绍政府开展全面应急工作的情况，详述了联邦机构和BP公司为减轻生态灾难带来的影响所采取的所有行动。此外，采用传统媒体和新媒体相结合、新闻发布会与网络权威发布相结合的方式，建立了权威的信息发布系统，包括设立"深水地平线应急反应"官方网站及社交媒体账号，开展信息发布、现场直播、提供索赔通道等工作，使救灾行动高效化和透明化。在第二阶段，美国政府通过各部门的协作投入大量资源救灾，努力营造政府的正面形象，赢得了部分民众的支持和理解。

（3）**事故尾声阶段的政府公关**。漏油事故久悬未止，引起了公众的倦怠和反感情绪，以及对政府执政能力的质疑。在该背景下，美国政府再次公关，通过议程设置转移了公众对漏油进展的关注。美国政府在事故处理中对BP公司强力施压，要求其承担赔偿责任，并追究相关政府官员的责任。5月17日，矿产资源管理局负责近海石油开采的副局长成为事件发生后第一个引咎辞职的官员。6月17日，美国政府最终促成了BP公司的专项赔偿基金的成立。官方网站提供了大量的安全知识、索赔和诉讼信息等。在该阶段，美国政府成功转移了公众的注意力，同时采取相关措施给公众制造了一种勇于承担责任的印象。但是，由于事故发展的不可预知性和复杂性，政府仍然在某些方面存在失误。美国政府一直被指责与BP公司合作，故意掩盖墨西哥湾石油泄漏的规模和影响，对公众知情权造成了一定损害。

（二）"黄衫风波"：法国"黄马甲"运动

2018年的冬天，法国爆发了"黄马甲"运动，给法国甚至欧盟带来了很大的影响。而事件是如何蔓延发展的，我们或许可以通过舆论分析的视角，得出答案。

【事件回顾】

2018年11月，法国总统埃马纽埃尔·马克龙宣布，为了推进环保事业的发展，自2019年1月1日起上调燃油税，每升柴油拟提高0.065欧元（折合人民币约0.5元）。政策一出，立刻遭到法国民众的强烈抗议。2018年11月17日，法国各地爆发"黄马甲"运动，反对油价上涨。示威者高喊口号，封堵道路。数据显示，当天法国有2034个地方发生了抗议示威集会，有28.7万人参加了反对油价上涨的示威活动，超过400人在示威中受伤。抗议者们通过社交平台集结在一起，身着黄色背心，涌入高速公路、隧道和机场通道，边走边大声呼喊"恢复我们的购买力"等口号，对当地交通造成了严重的影响。12月1日，示威者占领巴黎市中心，大肆毁坏建筑，街旁的商店被砸毁，多辆汽车被推翻或焚烧，凯旋门等古迹也被涂抹损坏。法国防暴警察与抗议者发生肢体冲突，并使用了催泪弹和水枪。

此后，"黄马甲"运动持续进行，抗议活动也蔓延到法国各地。12月4日，法国总理爱德华·菲利普表示将停止上调燃油税，这也是事件中法国政府首次回应民众诉求，但收效甚微。12月8日，法国爆发第四次抗议活动，仍有超过10万民众参加；12月15日，抗议活动进入第五周，法国各地约6.6万人身穿黄马甲进行第五次大规模街头示威抗议，巴黎则有2000余人参加抗议。法国警方在全国派出6.9万名警察，巴黎派出8000余名警察、14辆装甲车控制局势。12月17日，法国总理菲利普公开称政府在处理"黄马甲"抗议活动时犯了错误，表示会充分听取民众意见进行改革，但相关表态仍然没有达到平息事态的效果。12月27日，一波"黄马甲"

运动抗议者聚集在总统度假官邸布雷冈松堡,准备对其发起袭击,警方及时赶到才避免了袭击的发生。时至今日,"黄马甲"运动仍未完全平息。

【舆论引导反思】

(1)事件发生初期,政府并未及时了解并回应民意。因为上调仅 0.065 欧元的燃油税就引发如此声势浩大的"黄马甲"运动,背后其实是政府与民众由来已久的矛盾。当时,法国政府增加了燃料税、烟草税及社会福利税,让很多民众倍感压力。美国《纽约时报》称,马克龙的"改革"计划完全没有关注工人阶级,其自上而下的改革最终陷入一系列问题,支持率不断下降,由当选时的 66% 降至 21%,创执政以来的新低。《纽约时报》称,在日益上涨的物价面前,很多法国中低收入群体连"月底吃什么"都不能解决,增加燃油税无疑与民意脱节,加上没有及时回应民众呼声,最终激起了民众的反抗。而由于民众与政府长期处在对立状态,政府已失去争取民意支持和平息事态的条件。

(2)政府忽视了社交媒体可能引发的严重后果。"黄马甲"运动始于汽车司机在社交网络上的一项请愿,目的是要求法国政府降低燃油价格。由于法国法律规定车内必须备有一件黄色荧光马甲,司机们便身穿马甲封路以表达诉求。借助于社交媒体的传播,这项抗议活动很快便发展成声势浩大的"黄马甲"运动。"黄马甲"运动的社交媒体性质意味着抗议者成分复杂且缺乏组织,这增加了政府与抗议者交涉谈判的难度。而法国政府在事件发生之初,并未意识到社交媒体可能带来的聚集力和影响力,导致事件从线上请愿活动迅速演变为线下抗议活动,并不断升级。

(3)**直到事态失控后,政府才被迫做出回应。**事件发生后,法国政府一方面称将倾听抗议者的意见,另一方面则表示对暴力事件坚决反对,始终只表明态度,缺乏实际的行动,导致抗议活动持续升级。直至12月4日,法国总理爱德华·菲利普才发表电视讲话,宣布将延期6个月上调燃油税,并称2018年冬季将不会上调天然气和电力的价格。针对抗议者提高购买力的要求,他还提到政府有降低居住税、降低工资分摊金和提高低收入者的奖金等措施。法国政府的上述举措意在回应抗议者的核心诉求,但抗议已演变为对法国政府多项改革措施及贫富差距加大等问题的不满,政府已陷入被动、退让的局面——即如果游行可以逼迫政府在燃油税上让步,民众也有望用同样的方式逼迫政府在更多改革领域做出妥协,这导致法国改革"深水区"政策可能逐步沦陷。

综上所述,忽视民意甚至与民意背道而驰,可能带来持续的动荡。此次法国"黄马甲"运动出现横向延伸的倾向,甚至在意大利、比利时、希腊、荷兰、德国等欧洲国家均出现类似苗头,游行者均身着黄色马甲。如今欧洲自由主义言论兴起,使"黄马甲"运动的舆情发展显示出更大的不确定性。

## （三）"政治大火"：俄罗斯全国性森林火灾

2010年7月至8月，俄罗斯遭遇百年未遇、连续30天超过30℃的酷暑天气，境内连续发生严重森林火灾事故，起火点共计超过7000个，累计2.1万人参与灭火，有西方媒体称之为"现代史上最大的森林火灾"。据媒体报道，此次大规模火灾事故带来的经济损失可能高达150亿美元，相当于俄罗斯2010年国内生产总值的1%，俄罗斯对此进行了深刻反思。

**【事件回顾】**

2010年夏季，俄罗斯出现罕见高温和干旱天气，首都莫斯科7月29日的气温创历史新高，达到38℃，这个7月成为有气象记录以来当地的最热月份。受持续高温和干旱天气的影响，俄罗斯境内多地发生森林火灾，莫斯科、弗拉基米尔等7个州宣布进入紧急状态。截至8月9日，森林大火导致多人死亡，2000余栋房屋被烧毁，3000多人无家可归。

森林火灾是一种突发性强、破坏性大、处置救助较为困难的自然灾害。俄罗斯森林广阔，火灾高发，因此民众一般认为政府针对此类灾害应具有完备的应对之策。但过高的舆论期待以及政府后续应对的失误，导致这场森林大火成为政府面临的一场"政治大火"。

俄罗斯《独立报》称，受火灾影响，俄罗斯百姓对总统和总理的信任度甚至有所下降。政府和执政党的威信受到冲击，俄罗斯各级政府及官员在此次火灾中的表现不能使百姓满意，严重消耗了政府的公信力。

【舆论引导反思】

（1）**危机意识匮乏**。火灾频发的国家本应具备敏锐的危机意识，而俄罗斯却没有一个负责处理自然灾害事宜的专门机构。事后，一些记者进行实地调查发现，在相当一部分森林起火点都找到了烟头或者容易引起火灾的物品。危机意识是危机预警的心理基础，是危机应对的能力保障。俄罗斯民众和政府缺乏相应的危机意识，相应的防范和应对策略也明显被动、滞后。

（2）**信息瞒报严重**。在信息公开方面。因为怕受到处罚，一些地方政府官员不愿如实向上级汇报火灾情况，记录火灾发生的数字往往被压低，导致决策失据，最终酿成大面积灾情。此外，莫斯科官方死亡统计数据也出现造假行为。据俄媒披露，时任莫斯科市长的卢日科夫不仅隐瞒真实死亡人数，还下令禁止医生诊断伤员病情与高温和森林大火有关。一系列封堵伪造信息的行为被曝光后，成为舆论抨击的焦点。

（3）**预警机制缺失**。首先，各级政府没有设立专门的危机信息收集机构，也没有明确的报告方。火灾发生9天后，莫斯科市长卢日科夫在没有收集完整信息的情况下，就向总统报告了灾情，相关信息还是"加工"后的数字，导致决策层无法准确掌握灾情，从而使得救援行动迟缓，最终酿成数十人死亡的悲剧。其次，相关救灾预警措施未得到落实。俄罗斯虽有《紧急状态法》，可由于火灾紧急、着火面积广、火情复杂，救援工作程序化程度很低，因此并未发挥作用。直到火灾失控后，时任总统的梅德韦杰夫听取了沃罗涅日州州长戈尔季耶夫的电话汇报，才就该州灭火措施、疏散火灾高发区居民等情况给出指示，未能做到防患于未然。

（4）问责程序简单。2010年8月11日，俄罗斯农业部部长接受了莫斯科州林业局局长的辞职决定，原因是梅德韦杰夫对莫斯科林业局领导层提出了批评，认为无视大火、仍然继续休假的林业部门负责人应该辞职。该起问责干脆利落，三天之内相应官员便相继辞职。但舆论认为，行政问责应有一套有序而完整的程序，不仅仅是有关官员辞职这么简单。这种处理方式反而给舆论一种逃避之感，一定程度上造成民众对政府的不信任感再度涌现。

综合分析俄罗斯政府在此次火灾中的表现，对于其国内多发的自然灾害长期缺乏有效应急方案是主要原因，而对事故伤亡人数的瞒报则是最大的败笔。政府如何建立起多信息通道，避免信息渠道单一带来的舆论偏颇造成决策失误，这也是许多国家面临的共同问题。

（四）"核电危机"：日本福岛核电站震后泄漏

当地时间2011年3月11日，日本本州岛海域发生里氏9.0级强烈地震并引发海啸，日本沿海的4座核电站均受到了不同程度的影响，其中受损最为严重的是世界知名的核电站——

福岛第一核电站和第二核电站。1978年，福岛第一核电站曾发生临界事故，但一直被隐瞒至2007年才公之于众。2011年的福岛核泄漏事故再次将核电危机推向国际舆论的旋涡中心。

【事件回顾】

地震发生后，福岛第一核电站和第二核电站的6个反应堆冷却系统失灵，进入"紧急"状态。3月12日，日本经济产业省原子能安全保安院宣布，福岛第一核电站的放射性物质泄漏到外部。3月12日至15日，福岛第一核电站的4个机组先后发生爆炸，并出现放射性物质外泄的情况。大批居民被疏散，共有21万人被紧急疏散到安全地带，12万人接受了核辐射检查。一直到3月20日，第一核电站才完成向4号机组的首次注水，获得外部电力供应。

事件发生后，日本政府和东京电力公司(下文简称东电公司)为应对这一紧急事件，采取了一系列应对措施。3月11日晚，时任日本首相的菅直人根据《原子能灾害对策特别措施法》发布"原子能紧急事态宣言"；3月12日，日本首次确认有核电站的放射性物质泄漏到外部，确定堆芯燃料正在熔化；3月13日，日本政府下令福岛核电站反应堆制造商之一的东电公司帮助解决核电站问题；3月15日，日本政府与东电公司联合成立"福岛核电站事故对策统合总部"，并向美国核管制委员会和国际原子能机构正式提出请求，希望能得到技术援助来解决核电站问题；3月18日，国际原子能机构的专家小组抵达日本，提供相应的技术支持。

**【舆论引导反思】**

对日本而言，"3·11大灾难"是由大地震、大海啸、核泄漏等一系列史无前例的难题共同构成的"复合型危机"，但天灾之中不乏人祸。总体来说，日本在此次危机公关上花了很多的心思，但都没有收到预期的效果。

（1）**官方信息不权威甚至相互矛盾，引发民众不信任**。地震发生后，时任首相菅直人在震后4分钟即成立灾害对策总部，当日即调派自卫队赶赴灾区，一系列举措赢得广泛赞誉。但在随后的救援中，自卫队迟迟未有进展，被评估可短期内解决的福岛核电事故愈演愈烈，官房长官记者会和东电公司记者会屡屡出现信息不吻合的情况，社会舆论显示出普遍不信任的状况。如3月27日中午，东电公司称"福岛第一核电站2号机组每小时泄漏的水辐射剂量达到1000毫希沃特"，这比反应堆正常运行时的数值高100万倍，瞬间引发恐慌；而到了27日晚，东电公司又称错误地将辐射剂量夸大了10万倍。日本政府发布关键信息时含糊其词，信息时有错误，对核泄漏事件的严重性估计不足，使得日本民众的消极情绪剧增，且逐步升级，带来的心理影响反而大于地震、海啸灾难带来的心理影响。

（2）**对外发布的立场及负责评诂的第三方机构被指缺乏独立性，使舆论引导及危机公关成效大打折扣**。日本公关体系主要由内阁广报室、政府广报室、都道府县广报室组成。在涉外公关方面，内阁广报室和政府广报室起了关键作用，而内阁广报室更多地承担起直接沟通的职能。日本的内阁记者会通常由官房长官来主持。当时的官房长官枝野幸男的表现确实有许多可圈可点之处。他总是面容憔悴、双眼布满血丝地出现在记者会上，这一为国为民操劳的形象深入人心。地震发生不久，枝野幸男平均每天都要主持5场记者招待会，及时向国民及媒体报告地震、核电等官方信息，律师出身的他逻辑严密，鲜有失态和失言。但糟糕的是，枝野幸男站在维护东电公司的立场，俨然成了"东电发言人"，日本政治评论家浅川博忠就称其为"负责公关的东电副社长"。

东电公司是一家民营公司，具有雄厚的实力，但在其骄人业绩的背后，却隐藏着数笔不太光彩的记录。在日本国民的心目中，东电公司的信用度并不高。而枝野幸男在危机公关时，过于听信核事故第一利害关系方东电公司的说辞，这显然是一大失误。当东电公司的信息被证明并不准确时，原本淡定的日本民众开始出现恐慌心理，部分民众宁愿相信社交媒体和手机短信发布的消息，也不愿意看东电公司及内阁广报室的信息。同时，日本政府为挽回国民的信任，紧急邀请了外部顾问，他们多为东京大学等科研机构的地震、核电专家。但这些顾问多属于"核电支持派"，顾问名单经日本媒体报道后，舆论哗然，认为这一举措将"人为缩小"核电事故的危害。

（3）日方舆论引导工作失当，使其他国家产生了恐慌和困扰。2017年3月，加拿大维多利亚大学海洋学专家表示，在加拿大西海岸的三文鱼身上首次检测到了放射性元素铯-134，证明日本福岛核污染已扩散到北美地区，这引发了当地民众的恐慌。通常，核泄漏属于特大突发事故，影响广泛深远，一方面污染难以消除；另一方面污染可能随着洋流、气流继续扩散，对多国造成负面影响，继而让事故发展为跨国污染事故。日本政府的应对措施因此被全世界诟病。如何应对此类特大事件的负面舆情，是对一国政府危机应对能力的特殊考验。

梳理以上国家危机公关及舆论引导失败的案例可以发现，突发事件来势汹汹，社交媒体发展迅猛，舆情态势波谲云诡，即使是经验较为丰富的发达国家，亦难以妥善应对。近年来，我国政府对危机公关及舆论引导的意识已有大幅提升，但鉴于相关经验仍有不足，思维尚未完全转变，仍不时出现一些"简单粗暴"的负面案例。因此，我们选取国内相关案例进行分析，为我国地方政府及相关部门进行危机公关及舆论引导工作提供一些借鉴。

## 三、国内相关案例及分析

近年来，我国各级政府已逐渐意识到网络舆论引导的重要性，也在相关事件的处置中不断发挥主观能动性。但从现实案例看，部分地方政府仍存在舆论引导意识不强、能力不足、应对失措等问题，给政府形象带来一定损害。

## (一)"官本位"式舆论引导：广东茂名 PX 项目事件

专业名词"PX"一度为我国民众所熟知。PX 即 P-Xylene 的简写，它的中文名称是对二甲苯，它以液态形式存在，无色透明，气味芬芳，属于芳烃的一种，是化工生产的重要原料之一，常用于生产塑料、聚酯纤维和薄膜。PX 项目，即对二甲苯化工项目。由于这种化工原料的生产存在污染环境的风险，多地民众将其视为"洪水猛兽"，并相继引发抗议。2007 年厦门出现反对 PX 项目的游行后，"PX 项目"的舆论敏感度逐渐提高，在 2012 年前后达到高潮，在大连、宁波、昆明等地相继爆发了反对 PX 项目的事件。2014 年 3 月，广东茂名爆发反对 PX 项目的群众聚集事件。舆论场上出现诸多问题，引人深思。

【事件回顾】

2014 年 3 月 30 日上午，广东茂名市区部分民众因当地拟建 PX 项目在市委门前聚集游行。30 日夜间，有部分闹事者出现打砸行为，对公共设施肆意破坏。

3 月 31 日，茂名市政府发布告全体市民书，表示欢迎社会各界通过正当渠道表达对 PX 项目的关切，通过正当渠道反映项目情况。国内媒体报道量随即上升，舆论热度进一步升温。回顾当日事件进程，一条来自茂名新闻网的、题为"广东茂名市民游行反对 PX 项目　政府：不法者挑唆"的新闻在 3 月 31 日凌晨被媒体转载，引发大量关注。网上出现各种各样的传言。4月1日下午，茂名市副市长代表市委、市政府在市委办公室接待了上访代表，就PX项目问题与上访代表进行面对面交流，听取他们的诉求和意见。

4月3日，茂名市政府就PX项目及事件总体处置情况召开新闻发布会，通报称，截至4月2日晚，茂名市公安机关依法共查处违法犯罪嫌疑人44人，其中刑事拘留18人、行政处罚26人。茂名市公安局领导表示，被刑拘的18名犯罪嫌疑人主要涉嫌聚众扰乱社会秩序、聚众扰乱公共场所秩序、寻衅滋事等犯罪行为。在查处过程中，公安机关没有对任何学生采取刑事拘留或作出行政处罚。但部分网民仍对此持有怀疑态度，直至主流媒体不断进行证伪，网上相关的不实传言才逐渐消散。

可以说，茂名市政府为顺利解决PX项目的建设问题开展了多项舆论引导工作，试图消解争议，但始终未能有效平息民众的激烈情绪，最后，此事件以PX项目的下马而告终。

【舆论引导反思】

从3月30日茂名市民走到市委门前抗议，到政府表态"决不会违背民意进行决策"，茂名市政府在两天的时间内对危机及时进行有效应对，较好地回应了民意。但在事件的整个启动、宣传过程中，相关工作仍有待改善之处。

（1）初始期：灌输式科普和封锁消息适得其反。2009年，茂名市政府曾启动PX项目的选址，但这一过程引发争议，事件停摆。2014年2月,茂名市开始密集宣传PX项目,从3月开始,当地媒体几乎天天可见对"PX"的科普宣传文章。政府本意是向民众科普,但由于宣传过程中采用单向灌输的方式,刻板、片面,只讲好处不讲风险,反而引发了民众的担忧。3月27日晚,茂名市政府召开PX项目推广会,但会上有市民表达了不同的意见,与当地官员发生了争执。政府还强制要求相关人员签署支持项目建设的承诺书,更加重了市民的猜疑,推广会不欢而散。此后,外地媒体采访被拒,舆论引导逐步走向失控。

（2）爆发期:现实冲突加剧了舆论危机。政府与市民的沟通失效后,随即爆发了群体冲突。2014年3月30日上午,大量茂名市民前往市委及周边路段聚集游行、阻塞交通,以此来表达对政府将PX项目落户茂名的不满和抗议。当日下午,聚集的人群与前来维持秩序的警察发生小规模冲突,数小时后市民逐渐散去。但当晚22时后,部分市民再次聚集,小部分群众向政府机关和公共设施投掷石块、玻璃瓶等,并与前来维护秩序的警察发生肢体冲突,造成一辆警车被焚毁、多名群众受伤。31日凌晨,网上发出一些所谓的"现场"照片,出现"示威者多人死亡"等谣言。

（3）消散期:刻意回避公众诉求,导致负面情绪难消。4月2日,茂名警方敦促在冲突中故意打砸公共设施的少数不法分子自首;4月3日,政府举行了新闻发布会,称PX项目目前并未实施,并通报了在游行中群众受伤的情况。但政府单方面的声明缺少对公众关于停止PX项目规划诉求的直接回应。4月23日,茂名市政府再次举行新闻发布会,重申茂名PX项目尚无时间表,项目各个环节也未正式展开,并向在冲突中被误伤的市民道歉。同日,警方公布逮捕了24名在事件中借机破坏、打砸公共设施的不法分子。茂名市政府最终停止了PX项目的规划建设。

综上分析,当时茂名市政府对于PX项目遭遇抗议准备了一些预案,在信息发布、快速回应等方面的举措也可圈可点,但总体引导预案仍在旧思维的框架下进行。从刻板的灌输式"科普",到强制要求相关人员签署支持项目建设的承诺书,政府仍然给人以"高于民众"的感受,而非倾听民众的担忧。不在选址、消除污染、风险防范等核心问题上有所作为,就无法消除民众的质疑。看似"尊重民意",本质却还是传统的官方主导思维,不够重视舆论的力量,结果造成了政府公信力的消解。回顾整起事件,茂名市政府在前期宣传和事后引导等环节中的处置做法,未能有效发挥出正向引导作用,这为国内类似舆论引导工作提供了教训。近年来,各地关于PX项目的科学宣传、重化工行业的安全管理等工作不断受到重视,民众的环保意识逐步转化为理性诉求,解决类似问题的良性渠道正在形成。

### (二)"后真相"时代的谣言:四川泸县学生坠亡事件

近年来,互联网舆论下的"后真相"现象引起关注,即突发的舆情事件触及网民的敏感神经时,往往直接触发网民的争相表达和情绪宣泄。此时,情绪的影响力超过事实的影响力，使得真相的到来存在滞后性。政府部门若不能及时有效发声，还原事实真相，很容易陷入"塔西佗陷阱注13"，导致谣言四起。2017年4月发生的四川泸县学生坠亡事件，就是受到"后真相"谣言冲击的一起典型案例。

【事件回顾】

2017年4月1日，四川泸县太伏中学学生赵某被发现死于学校的学生宿舍楼外，消息迅速在网络论坛、微博、微信等网络平台传播。4月1日，当地政府微信公众号发布简单公告称，"1日6时左右，泸县太伏中学一学生在住宿楼外死亡。当地多部门已赶赴事发现场调查处置该事件"。因未公布确切的死亡原因，事件迅速在网络上发酵，多种版本流传，"死者被人殴打致死后扔下楼，打人者中有人的父亲为当地领导"等传言、猜想四起。网上还出现所谓的"死者尸体"视频，舆论关注点不断移向"真实死亡原因""涉及校园凌辱"等话题。

受此影响，4月2日，当地政府再次发布通报称，经勘察检验和调查走访，赵某的损伤符合高坠伤亡特征，现有证据排除他人加害的可能，具体死亡原因需依法按程序待家属同意后进行尸检确认。但此后，网上又传出看似家长围住学校、防暴警察在学校附近警戒的图片和视频，导致事态进一步激化升级，网上抵触的声音越来越强烈，如"警察封锁现场""政府与家属抢夺尸体"等传言四起，事态发展越来越复杂。

4月3日，当地政府两次发布公告，对网络上的传言进行辟谣，表示系部分群众未经核实，散布虚假消息，制造谣言，并强调暂无他杀证据。4月4日，网络舆论继续发酵，官方未有公告发布。4月5日晚，《人民日报》和新华社关注该事件，围绕网上关注的话题发问。当地警方随后发布通报称，将依法启动尸检程序，当地网警也澄清了多条涉事谣言。4月7日，泸州市委市政府举行媒体见面会，公布案件的调查结果及尸检结果，显示确无证据证明死者系他杀，舆论逐步趋于稳定。

**【舆论引导反思】**

此事件中，当地政府在事件发生时迅速介入调查，凸显了政府意图积极引导舆论的发展。但整体来看，当地政府的危机公关应对水平有限，导致事件陷入舆论的旋涡。

（1）**回应不够及时，对谣言缺乏充分的预警，导致陷入被动局面。**在舆论爆发的初期，网络上质疑之声和谣言四起。一方面，面对网络上的诸多质疑，当地政府未及时采取有效举措进行舆论引导，使舆论进一步激化，这样的方式显然与新媒体时代的危机公关背道而驰。另一方面，地方政府对网上谣言澄清速度慢，对舆论的敏感度不高，长期处于沉默状态。突发事件的网络舆论来势迅猛、传播快、影响广，若未在第一时间发声回应公众质疑，抢占舆论的制高点，就极难有效地控制舆论。

（2）**在后续与公众的交流中缺少有效信息的提供。**事件发生后，当地政府未能准确回应舆论的关注焦点，未能就公众所关心的、迫切希望知道的问题进行答复。在官方的前期通报中，对死者的死因未能给出有说服力的证明，却在未进行尸检的情况下匆匆得出"非他杀"的结论,导致后期"高坠伤""无其他暴力加害""无死后伤"的调查报告发布后,有些网民产生巨大的心理落差,滋生对立情绪,试图找寻一切细节进行驳斥,以满足其自身预设的立场及联想,形成第一波负面舆论的声势,出现了"高空坠亡只是死亡原因,什么时候可以作为证据排除他杀了?""难道没有因人为外力导致坠亡的可能性?""警方如此敷衍判案能平民愤?"等质问,使网络舆论一边倒地表达出不信任的态度,导致政府的形象受损。

(3)**政府形象管理碎片化现象严重。**在此事件中,当地政府的形象管理缺乏完整规范的流程,总是随着网络舆论的走向在澄清补救,缺乏规划性与有效性。如在对外发布澄清信息的过程中,也运用了认证微博、微信公众号等新媒体来发布的手段,但缺乏对多种手段的整合,信息散乱。事件发生后,当地政府主要通过官方自媒体进行通报,但官方自媒体的关注人数少,影响力较弱,对舆情的应对力不从心。此外,当地政府和传统媒体在舆论引导工作上缺乏合力。此事件中,记者赶到当地展开调查时遭到阻拦,无法从权威处获取信息,甚至被村镇干部威胁、干扰,这也加重了百姓对当地政府的信任危机。

梳理事件的过程可以发现,事件本身并不复杂,也不存在各种"内幕",却在多种因素的作用下不断发酵,向着超出预料的方向发展。在"后真相"时代的背景下,舆论聚焦极易超越事件本身,问题扩大化、泛在化等现象普遍,而地方政府的不当举措也可能被无限放大,成为舆论抨击的焦点。

整体来看，该事件的主要问题发生在前端，中后期虽然政府一直试图修补，但政府公信力却不可避免地受到冲击。事件发生初期的舆论引导行为是左右事件舆论走向的关键一步。这提示政府在开展网络舆论引导时，需努力做到及时发声，还原事情的真相，掌握舆论制高点，从而有效化解舆论危机。

### （三）违规瞒报：福建泉港碳九泄漏事件

2018年11月4日凌晨，福建省泉州市泉港区东港石化码头发生工业用裂解碳九化学品泄漏事件，造成大量养殖水产死亡、多名渔民出现身体不适等情况，事件迅速引发舆论关注。但事发后，泉港区环境保护局多次通报称空气指标和海水水质正常，与事实观感不符的通报难以令人信服，由此掀起了一场生态及公众信任的危机。

### 【事件回顾】

2018年11月4日凌晨1时13分，福建省泉州市泉港区东港石化码头的作业人员发现装船过程中发生工业用裂解碳九化学品泄漏；7时许，微博网民"@肖泽玲"等人反映，泉港区的空气中弥漫着异味，疑似有化学品泄漏；10时10分，地方媒体《石狮日报》的官方微博"@石狮日报"发布了泉港区环境保护局的通报，该通报称"油船连接至码头的软管法兰垫片老化、破损，导致部分油品泄漏"。当晚20时许，"@石狮日报"再次发布泉港区环境保护局的通报，该通报首次承认事故系碳九泄漏所致，并强调碳九泄漏海域的清理工作已基本完成。11月6日，泉港区环保局发布通报称，当地各项空气指标持续正常，海水水质标准符合养殖水质的需求。11月8日，泉港区环保局第四次发布通报称各项指标恢复正常。

但就在官方发布通报的同时，不少当地居民和自媒体反映"空气难闻，令人不舒服"，有记者在现场调查时也表示喉咙难受、胸闷，尤其是11月6日，《新京报》称，有渔民掉入泉港碳九污染海域后住进ICU。官方通报出现信任危机。此后，网上开始流传碳九"有毒""致癌"等说法，但官方对此全无回应，反而是果壳网等科普网站对碳九的毒性进行了科普。在舆论的追问下，泉港区政府再次公开相关信息。11月8日晚，泉港区政府通报称，部分水质监测点石油类含量仅符合第三类、第四类海水水质标准[注14]，首次出现不同的检测结果。11月8日，福建省生态环境厅发布通报，首次确认泄漏物为"裂解碳九"。11月9日，泉港区政府初步认定此事件为安全生产责任事故引发的环境污染事件。11月10日，泉港区政府称，警方对涉事的4名企业人员依法进行了调查取证。11月14日，3名东港石化公司人员和4名涉事油轮人员被依法刑事拘留。

11月18日，本以为已经平静的事件再起波澜。有记者称，11月11日在泉州调查报道事故期间遭受当地警方深夜"突击查房"。11月20日，泉州市公安局通报，记者所言情况属实，3名执法相关责任人被处分。11月25日，福建泉州市政府在媒体曝光后通报调查及处置情况，认定东港石化公司实际化学品泄漏量69.1吨，是此前报告的6.97吨的近10倍，瞒报严重。

**【舆论引导反思】**

此次舆情事件中，有关部门在事发后进行快速通报，并多次通报事故处置情况及环境监测情况；在受到舆论质疑后，更高层级的部门主动介入，对事件进行密集的通报，处置较为尽力，但舆论始终存有疑虑。尤其是记者在调查过程中遭遇多重阻挠，事件由环境污染追责转向质问政府工作处置不力，继而发展成一次严重的政府信任危机。

（1）初始通报避重就轻，回应的前后"打架"成为舆论导火索。事件发生后，泉港区环境保护局等接连发布多次环境通报，称"油污已全部清除完""大气指标已恢复正常"，给公众营造出了一种事态并不严重、已得到有效控制的观感。反观网络上，有关事态严重的爆料却一直存在。直到越来越多的媒体介入报道，泉港区政府才在事发4日后的通报中承认"空气出现刺鼻性气味"，以及部分海域监测点仅符合"第三类、第四类海水水质标准"。官方前后不一致的回应、事件应对中暴露出的"瞒报思维"刺激舆论持续升温。

（2）引导缺少统筹规划，信息发布引导作用损耗严重。作为官方回应主体，泉港区政府、泉港区环境保护局和福建省生态环境厅3个部门均进行了回应，回应次数分别为7次、4次和2次，且出现频繁发布类似通报内容的情况，导致信息混乱。尤其是在11月8日和9日，3个部门先后共发布6份通报，但密集的内容让公众难以抓住重点，这不但分散了舆论的注意力，也导致有效信息在传播过程中严重损耗。

（3）信息发布渠道单一，无法快速形成引导合力。从信息发布的渠道来看，当地有关部门主要依靠地方媒体和政府网站进行发布，泉港区环境保护局、泉港区政府新闻办尚未设立官方微博和微信公众号等新媒体政务发布渠道，信息发布渠道较狭窄，远不能达到网络舆论对信息发布的要求。同时，这是一起重大突发事故，涉事方长期未通过新闻发布会进行事件通报，也没有其他的信息发布机制，无法形成舆论引导合力。

（4）专业知识未能及时释疑，谣言的传播加剧了舆论的恐慌。对于牵扯事故核心的"碳九""挥发性有机物"等专有名词，以及其毒性如何、对人体有何种影响等舆论的主要关注点，官方一直未予以解释。对这些关注点的误读一度引发了舆论的恐慌。直至11月8日，福建省生态环境厅的通报才首次确认泄漏物为"裂解碳九"。在舆论发酵阶段，果壳网等科普网站自发解读此泄漏物的概念及其危害，一定程度上消减了公众质疑，却也继续激起舆论对此次泄漏事故性质的追问。公众的疑问一旦积累，就可能造成谣言或误解的持续。

（5）后续处置不力，抗拒舆论监督，再掀信任危机。事件末期，媒体曝光此前一直通报的6.97吨碳九泄漏量实际多达69.1吨，官方瞒报达近10倍量级。官方瞒报令人产生怀疑，有观点直指当地政府企图控制通报的数据，以达到控制事态、躲避惩罚的目的。此外,《财新周刊》记者因调查报道碳九泄漏事件被警方深夜定点"查房",这也被舆论指责为公然干扰记者合法行使新闻采访权,对抗舆论监督,让原本负面累累的事件舆情雪上加霜。

泉港碳九泄漏事件告一段落后,当地渔民的渔场损失惨重,渔业受打击或一蹶不振;更有附近居民身体健康是否会受影响等种种追问,均让泉港笼罩在阴影之下。舆情可以较快地结束,但政府公信力可能需要经受持久的考验,恢复还需要较长的时间。该事件带来的一个重要启示在于,坚持发布真实、可信的信息,对于政府的舆论引导工作至关重要。

### (四)沟通困境:甘肃成县"微博掐架"事件

网络舆论引导不仅存在于较大规模的公共事件当中,也常常因为一些"日常小事"掀起波澜。2016年6月1日,甘肃省陇南市成县卫生和计划生育局(卫计局)的官方微博发布了一条有关主题纪念活动的图文信息。但一次普通的政务发布却由于个别网民的带有负面性的跟帖议论,引发了微博管理员与网民的轮番"互怼",经过网上多次互评转发后,不仅没能及时消除负面言论的传播,还成为一起网络舆论引导,尤其是言论引导的尴尬教案。

### 【事件回顾】

2016年5月29日,甘肃省陇南市成县卫计局、县计生协会组织主题活动,与当地群众现场交流。6月1日,成县卫计局的官方微博发布了一条有关此次主题活动的政务信息，并配发图文。但随后，个别网民在转发时配以文字及漫画图片，并进行了带有攻击性的负面评论。该局的微博管理员发现后，试图用回复评论的方式进行劝导，但语言过激，多次使用反问、指责、说教式语句，这些语句被该网民拼接处理后再次发布，成县卫计局的官方微博就此陆续与多名网民"犀利"互评。6月3日晚，该微博管理员为平息事态，将这条原创微博删除。

该事件随后引起多家媒体的关注，根据相关报道的内容，此次主题活动的内容并无不妥，包括义诊、慰问贫困户等，在当地反响良好。该微博管理员为成县卫计局宣传科工作人员，从事宣传工作20多年，事发当天在微博发布信息后，他发现评论中有网民发表不当言论，于是试图从个人角度回怼，造成诸多网民围观。最后，成县县委宣传部通报此事件，对成县卫计局和微博管理员进行教育，同时希望广大网民在网络上规范自己的言行。至此，事件引发的争议走向平息。

**【舆论引导反思】**

事件的负面影响逐渐淡去，但"官微与网民掐架"已成话题，媒体关注犹存。此后，多起类似案例仍不时出现在公众面前。2017年，"山东聊城辱母杀人案"舆论发酵，有媒体质疑聊城公安等政法机关为放高利贷的企业充当"保护伞"，"济南公安"疑似发布微博回应，称"情感归情感，法律归法律，这是正道"，随后又发布"毛驴撞大巴"的图片，被指嘲讽网民，引发轩然大波。从这类事件可以看出，政务微博在履行日常政务信息发布的职能之外，也经常需要对网民发布的信息进行回应与解释，其实质仍然是一种舆论引导，即在信息的发布过程中进行有效纠偏。类似的问题背后，不少媒体或网民都曾发表评论，对政务的微博运营提出了中肯的意见，其中有三方面值得重视和思考。

（1）**政务微博运营应设有发布、审核等完备制度，不应有"个人脾气"**。在甘肃成县发生的这起事件中，微博管理员的部分发言截图被网民重新拼接、组合，制造出不实的"对话效果"。排除涉事网民的不当行为，该微博管理员的失礼、失当之处值得认真反思。个人的行为和言论常常受情绪或所处环境左右，在措辞、逻辑等方面难免出现漏洞，在复杂多元的网络舆论场中，极易被人调侃甚至利用。官微不是个人微信，设计好信息发布的完整流程和把关制度，避免激情式回应和冲动式引导，是做好政务微博运营的前提。

（2）**不做"僵尸官微"，也不要做"奇葩官微"**。近年来，网上反映部分政务微博疏于管理、长期不更新的情况时有发生，网民将此类微博称为"僵尸微博"。有的部门和单位开通微博后还层层下达任务，强制要求关注，事后却缺乏定期和有效的维护，引来不少质疑。随着社会对信息公开的日益重视，微博的信息发布功能日益突出，但在"僵尸微博"逐渐减少的同时，也应重视避免出现"奇葩官微"。既要"敢说话"，按照计划做好定期维护；又要"会说话"，耐心细致地处理好后续遇到的问题，把握好政务微博运营过程中的尺度。

（3）政务微博是开展网络舆论引导的重要场所，但要讲求"语言的艺术"。事件当中微博管理员对网民的回应，其实属于政务微博运营中的事后监测和纠错工作，是一个正常和必要的运营环节。但事实证明，仅凭借管理员个人"从事宣传工作20多年"的经验，并不足以完全适应网络舆论引导的需要，其发现问题后的应对方式也未能体现出足够的网络素养。在形成健全的发布与审核机制的基础上，专业和权威是第一步，亲民和可信同样必不可少，赢得公众的长期认可与信赖感，是开设政务微博的真正价值所在。

2018年12月，《国务院办公厅关于推进政务新媒体健康有序发展的意见》明确提出，要"严格内容发布审核制度，坚持分级分类审核、先审后发，明确审核主体、审核流程，严把政治关、法律关、政策关、保密关、文字关"。2019年4月，国务院办公厅秘书局印发政府网站与政务新媒体检查指标、监管工作年度考核指标，首次将政务新媒体纳入量化考核。虽然伴随着即时通信软件、短视频等新应用的出现，微博逐渐失去了"社交之王"的历史地位，却也继续承载着公众获取相对权威信息的窗口的功能，"官方微博"几乎成为确切信息来源的代名词。政务微博运营中出现的一些"小插曲"告诉我们，第一时间回应和沟通的意识很重要，但回应和沟通的方式及态度同样可能成为决定网络舆论引导成效的重要因素。

## 四、网络舆论引导不力带来的消极影响

随着社交媒体的不断发展，网络舆情越发汹涌。政府急需主动改变思维，避免与民众处于对立面来"堵舆情"，更应关注网络舆论的即时性以及网民身份的多元性、自由性、开放性、互动性等特点，要意识到网络舆情堵不如疏。如果政府不能很好地应对并引导化解舆情风险，将不可避免地带来诸多社会安全隐患，消解自身公信力。

### （一）给不明真相的网民群体带来误导

由于引导不力，歪曲、失真的信息将快速渗透到网络舆论中，使信息在传播过程中扭曲变形，不仅容易误导民众，使民众信以为真，还容易被居心不良者利用。有些网民或网民群体出于某种目的，在社交小圈子内发布煽动性言论，有意塑造"意见领袖"，扩大其影响，以引起其他网民"跟风"传播，并借助不同网民所处的不同圈子，在各个网络群圈之间形成扩展，对网络舆论热点的再造和发酵施加更大的影响。特别是一些有关社会热点、难点的问题，容易引发反复炒作，使网络舆论中的消极因素呈现递进式的运动，误导更多不了解情况的网民，给政府进行公共管理的舆论导向造成了严重阻碍。

### （二）对政府形象及公信力造成损害

当前，我国社会经济正处于转型期，各领域的改革步入

深水区，社会运行机制、组织结构、利益分配等问题浮出水面，多种社会思潮交织，许多深层矛盾和风险点开始在舆论场显现。网络舆论一般围绕某个社会热点问题形成，通常涉及经济、民生等敏感类话题，如果政府的网络舆论引导能力存在短板，就可能在应对中暴露出公共管理机制的缺失，群众的不信任感日积月累，容易造成社会焦虑情绪蔓延。公信力建设是一项长期工程，政府执政水平稳定才能赢得群众发自内心的支持和信赖。如果放任网络舆论中的消极因素引起强烈关注与热烈讨论，一旦有人蓄意散布虚假信息并推波助澜，很可能导致局部、个别问题扩大化以及一般问题政治化，从而进一步激化民众与政府之间的对立情绪。

## （三）给群体性事件的发生埋下隐患

在层出不穷的社会事件的刺激下，部分自媒体及网民保持着对舆论热点的"追逐"，一旦发现可引起关注的信息点，就快速利用网络工具大范围持续发布。在先天缺少秩序维护者的环境条件下，网络舆论场很容易引发延伸性讨论甚至关联性炒作，从一起事件本身扩展至更多话题，放大生活中的不满与焦虑，极易引发网民群体的盲从与冲动，简单的事件也容易演变为带有特定诉求的公共群体性事件。例如近年来部分地方和基层政府负面舆情多发，但相关机构平时仍然不注意事前和事中引导，事后尽管采取了多种弥补、解释手段，也难以有效改变民众根深蒂固的印象。矛盾再次发生时，民众极易再次选择抗议，使群体性事件进入恶性循环。此外，有部分国外敌对势力、境内分裂分子等别有用心者，以网络信息技术为依托，在我国暗中策划、组织、串联负面网络舆情事件，并对局部群体性事件进行大肆渲染，试图滋扰我国的国家安全和社会稳定。如果政府自身的应对能力不足，将无力抵御相关风险。

### （四）对国家意识形态安全构成威胁

网络舆论的焦点，一旦聚集在社会阴暗面、争议性问题等负面议题上，就容易出现一边倒式的消极舆情态势。网络传播的便捷性和传播主体的多元化，使国家主流意识形态经受着各种本土思潮和外来文化的冲击。历史虚无主义、"中国威胁论"、拜金享乐主义等不同层级的消极思想或言论，一不注意就在网上"冒头"，成为我国网络舆论生态中的干扰因素。此外，网络舆论场鱼龙混杂，不仅潜藏着不明身份、不明动机的负面舆情炒作源，也存在着"深网[注15]"之类威胁全球互联网治理的蛮荒之地，威胁着我国意识形态的安全。一旦境内外网络舆论场出现不法分子相互勾结、一唱一和，大肆散播不实信息和有害言论的情况，我国的网络舆论生态将受到严重破坏。如果这样的情况得不到正确的处理、网络舆论得不到正确的引导，很可能会使民众与党和政府之间产生隔阂，从而影响社会的和谐稳定。

# 第四章

## 不断提高党员干部的网络舆论引导能力

一、培养引导意识：提升对网络舆论的重视程度

二、形成引导能力：提升对网络舆论的认识水平

三、掌握引导方法：提升对网络舆论的治理水平

**20**18年12月5日,享誉世界的色彩权威潘通(Pantone)色彩研究所公布了2019年年度代表色,一种可以"带来滋养、舒适和亲和力"的"活珊瑚色"(Living Coral,色号16-1546)当选。该研究所副总裁劳里·普利斯曼形容这种"具有金黄基调的饱和橘色不仅温暖宜人,还蕴含着无限生机和活力"。值得一提的是,年度代表色原本作为时尚圈风向标,但此次的入选理由并未止于时尚。

"在纷繁复杂的当今时代,我们正寻找那些被赋予人性化品质的色彩,因为我们正眼睁睁看着网络使许多事物失去人性的色彩,"普利斯曼在宣布该年度代表色时表示,"我们渴望那些带来滋养、舒适和亲和力的色彩。"而"活珊瑚色"容易使人们产生情感共鸣,"这无异于一个大大的拥抱"。"我们会看到越来越多的饱和色,这正是社交媒体的影响力,因为人们希望看到某些事物能脱颖而出,'活珊瑚色'绝对是你在社交媒体上曾经见过的一种颜色。"无独有偶,潘通色彩研究所发布的2020年度代表色为"经典蓝"(Classic Blue),理由是这种颜色"就像薄暮时的天空,代表冷静、信心及联结感……也凸显出在跨入一个新时代之际,人们渴望自我疗愈的愿望"。饱和、纷杂、冲突、平复,在这个社交联结属性不断膨胀的新媒介纪元,一切都在变化,一切都在融合,而人们正身处这变化与融合之中。舆论引导工作的一个重要出发点,就是充分认识到舆论尤其是网络舆论对于当今社会发展及治理不容忽视的作用。

知屋漏者在宇下,知政失者在草野。在网络信息及其应用深入发展的新时代，走好网上群众路线，时刻关注网络舆论的变化，思考如何合理引导网络舆论走向，已成为每名党员干部的必备能力。

## 一、培养引导意识：提升对网络舆论的重视程度

通过前述案例可以发现，对于国内外环境，国情固然存在差异，但网络舆论的运行变化规律并不存在本质上的差别。在未能有效实现合理引导网络舆论的情形中，可以发现一定的共性问题；而在引导相对有力的情形中，即使以其他国家的类似案例为参照，亦可有所借鉴。这也从侧面反映出，在网络信息时代"世界是平的"这一共享开放属性的影响下，网络舆论也表现出相当的关联性。在任何一起公共事件的背后，舆论的声音都变得越来越明显，甚至可以超越国界和时空，而这一点正日益成为共识，而非人们的经验或假设。

如果说理解是人类意识对认识对象的把握，要强化对网络舆论的引导力，增强理解就是前提。通过相关书籍、讲座、培训以及经验的积累，我们可以对网络舆论形成基本认知。不过，了解网络舆论只是第一步，还需更进一步地重视。正如每一名驾驶员都必须学习交通法规，但并非所有人都能够严格遵守。无论从何种层面出发看待和理解网络舆论，都需对其现实意义形成更全面的认识，不应仅停留于对其含义的理解上，更重要的是从什么样的角度和站位进行考虑。

## （一）进行网络舆论引导符合社会发展规律

不可否认，网络信息时代的持续高速发展直接影响的就是社会舆论的生成及其运转。假如一个成长于20世纪末的人，年轻时开始坚持关注新闻时事，可能会在今天形成一种感受，即每天热点事件的数量似乎越来越多，事件生成和消失的速度则越来越快。但事实上，这只是一种感受，而不是事实。人类历史上，社会热点事件数不胜数，因此并不是今天的"热点"变得比过去更多，而是随着传播方式的不断变化，人们感知也发生了变化。或者说，快节奏、高压力、多渠道的信息社会，改变了我们的生活方式和认知。法国社会思想家让·鲍德里亚在《拟像与仿真》一书中提出，信息社会进一步被符号、代码、影像所主宰，虚拟与客观真实的界限不断消解。与传统新闻媒介塑造的舆论相比，网络舆论不再只是一组发生于舆论场的消息，而是切实与人们的生活密切关联的事件。

任何一个高速发展的社会，都在丰裕的表象下面隐含着一种副作用，那就是当出现问题的时候，社会的接纳和反应时间也被相应压缩，热点事件出现得越多、传播得越快、影响得越广，就越容易导致事件相关方陷入被动的局面。随着网络舆论影响力的日益增长，每天的热点信息优先通过网络平台引起关注，"舆论爆点"的引爆时间越来越短。对于舆论引导工作而言，提前防范的难度越来越大，事后应对的效度也随之削弱。在"互联网+"时代背景下，主动加强网络舆论引导机制的建设和实施工作，已成为党和国家开展各领域工作的重要支撑之一。结合现实问题，我们可以从下面两个角度来理解网络舆论引导工作的必要性。

### 1. 出于社会发展的迫切需要

诺贝尔经济学奖获得者、世界银行前副行长约瑟夫·E.斯蒂格利茨说过："中国的城市化与美国的高科技发展，将是影响21世纪人类社会发展进程的两大主题。"时至今日，城市化与高科技的发展早已不可分割。近年来，人们谈论过很多因为城市现代化的发展而诞生的独特族群，比如"路怒族""蚁族""月光族"等。这些新生词反映出的是现代化发展过程中的衍生现象，与城市交通、就业形势、消费观念等问题息息相关。而反观这些词的生成与传播，没有一个与网络无关——新闻网站的社会要闻版不乏"充满戾气"与"夺人眼球"的新闻，调查类报道开始向更加开放和便捷的网络平台迁移，电商的兴起激发着消费欲望……当每一起现象背后都出现这张"网"时，没有一个领域、一项工作可以忽视其存在，我们必须主动学习和实践，而非绕道而行。

当今社会，如果有人提出网络时代深刻改变着人类历史的进程，很少有人会提出质疑。但对于网络舆论，一部分人还是坚持传统观念，认为拥有一般的舆论引导经验，就可以驾驭好网络舆论，结果却陷入一种"意外论"的误区——即根据过往经验处理了有关事宜，却未能按照预期平息舆论波动，然后得出"出于某种意外因素"的结论。某种意外的发生其实是出于某些必然。因此，要想在下一次类似情形出现时采取较为妥善的应对措施，我们有必要充分认识网络传播给现代社会带来的三大属性。

**第一，关系颠覆性。**这是一个"言必称颠覆"的时代，似乎一切新事物的出现都带有颠覆过往的巨大能量，即人们已经习以为常的事物不再按照惯性运转。而这种颠覆的主要表现，就是舆论场中传播主体的彻底改变。在网络舆论环境下，报纸、广播、电视等传统媒介的信息控制地位弱化，信息的传播层级呈现扁平化和去中心化，舆论已不再具有明确的主导者和控制者，以自媒体为代表的传播主体早已走到台前。即使是约束力更强的法律监管层面，也时刻受到新技术、新应用的考验。处于舆论旋涡中的当事方，如果延续过去对舆论规律的认知，就可能任由事件走向不可预知的境地。

**第二，瞬间放大性。**传统意义上，一起事件如果达到"人尽皆知"的程度，就会被视为舆论热点。但随着网络信息的爆炸式增长，信息可实现瞬时传播，被广泛知悉，有人将此形容为"传播蒸腾作用"，即网络舆论场本身就具有"人尽皆知"的影响范围，原本生活中的一些"琐事""个案"，甚至未经证实的消息，在网络环境的"加热"和"输送"过程中，都可能迅速成为舆论热点。每一条互联网信息都可能被放大，这大大增加了开展舆论引导的难度。

**第三，难以预测性。**网络舆论的生成如同引爆炸弹，并可能与当前阶段的其他事件产生关联，触发连锁爆炸效应，促使相关舆论持续升温。而这一过程通常缺乏征兆，难以预知，如果处于毫无准备的情况下,即使存在不实信息,当事方也会迅速遭遇舆论压力和舆情困境。有研究发现,自1980年以来,全球的数据存储能力每40个月就翻一倍。大数据时代虽然带来了"预测未来"的可能,但在今天,对网络舆论走向的把握仍然不是一个简单的课题。

因此,在现今阶段,加深对网络舆论的理解以及对其进行合理引导,与人类历史上的任何一个时期相比,都具有无法比拟的迫切性。提升广大党员干部的网络舆论引导能力及素养,已经是创新社会管理、构建和谐社会的必要选项。

当前我国正处于发展的重要机遇期,同时也是矛盾凸显期,新形势下各方面的群众工作均面临着主体多元、利益多样、成因多变等新特点带来的新挑战。当网络空间的信息传播越来越深入地影响着我们的社会现实时,网络空间已成为表达民意和利益诉求的重要渠道,也就势必成为党员干部密切联系群众的重要场域。

未来一个阶段的网络舆论引导工作,不仅包括在网络舆论场中听民意、解民怨,更在于一种过程性和方向性的把握,即不只在事后做好应对,也要在事前和事中加强引导。而这个新课题,对每名党员干部而言都是必修课。因为一个人无论具有何种身份,只要生存在现代社会中,就可能成为一名"网民",而党员干部又不只是普通网民,还要认真扮演好自己在国家社会运行过程中的正向引导的角色,这是职责,也是使命。

## 2. 出于新传播格局的必然要求

在每一个再普通不过的早晨和傍晚，上下班通勤的人们乘坐不同的交通工具前往各自的目的地，但有一点早已成为流行的生活方式，那就是伴随着手机上的消息或应用，度过这一段时光。

我们对移动生活已经习以为常，但也有必要认识事物背后发生的结构性变化。新媒体的持续高速发展，加速着各种社会思潮和利益诉求的集散与冲突，催生出一个个声音碰撞的较量场。从微博、微信到知乎、果壳等网络社区平台，再到抖音等短视频社交应用，随着网络技术的不断推陈出新，扩大网络舆论与官方舆论的交集，使两种声音的公约数最大，成为对当前领导干部学习、掌握、运用新媒体知识，实现"与网俱进"的必然要求。

美国新闻评论家沃尔特·李普曼在《公众舆论》一书中曾有过这样的描述，"一个物体几乎可以表现出无数种形状……我们很难随意想起各种事物的明晰的特征与轮廓""即使是目击者也不可能原原本本地再现事件的全貌。我们对事实的认识，取决于我们所处的地位和我们的观察习惯""在汇集公众舆论的时候，我们不仅要想象比我们肉眼能看到的更大的空间、比我们能感觉到的更长的时间，而且还要描绘和判断比我们所能计数或所能生动想象出来的更多的人、更多的行动、更多的事物。我们必须进行总结与概括"。上述言论可谓是对舆论易变本质的精彩论述。而对于网络舆论，对事件全貌的获取近乎不可能，因为没人有时间来完成充分的信息搜集和理性的分析，各方声音将在瞬间生成并汇聚。因此在考虑如何引导网络舆论之前，我们首先需要关注的是网络舆论的特异性。从一个个走热、变迁、消逝的网络舆论热点出发，有三个传播现象值得关注。

一是舆论失焦。"失焦"原为摄影术语，清晰的成像需对应一个固定的焦距，若超出这一焦距，物体成像就会模糊，产生失焦现象。有学者认为，舆论失焦是指由于网络发展，公众知情权、话语权提升，事件中的舆论难以被一方主导，从而使得舆论演变的主体脉络呈现多极化发展，以至逐渐偏离事件的中心议题[18]。比如，某地发生一起严重的交通事故，引起关注的可能不是伤亡情况、事故原因等，而是肇事者的性别、受害者的相貌等非中心话题。网络信息时代，舆论失焦现象普遍存在于各类热点事件当中，并对事件的发展进程具有深刻的影响。一方面，舆论失焦带来的"过度关注"可以起到一定的舆论监督作用，即发现社会生活中容易被忽略的问题；但另一方面，一些舆论失焦现象的背后，是部分传播主体"博眼球""赚取注意力"的手段，他们甚至有意将舆论话题引向其他敏感领域，阻碍舆论的正常发展和问题的解决。

二是舆论反转。近年来，舆论反转逐渐成为网络热点事件的常态。在最新报道或某个细节的推动下，媒体网民经常从开始时的一边倒指责某一方转向批评另一方，甚至事态多次反转，距离事实却越来越远。从事件曝光到关键节点，再到主体回应，螺旋式、反复式的舆论背后，折射出的是网络传播空间中公众对社会治理问题的深度关切。其中，有三个方面的问题值得重视。首先，随着自媒体传播影响力的上升，其公信力不足的短板日益显现，对网络舆论维持良性秩序形成干扰。其次，网络信息量暴涨之下，越来越难以辨别事件真伪，网民时常呼吁"求真相"，还原事实成为舆论诉求。最后，网络传播"舆论放大镜"效应凸显，一些传统意义上的个案甚至"琐事纠纷"，经过网络传播后却成为"全网热点"。值得注意的是，在多起舆论反转事件中，警方通报等权威发声均起到决定性作用，有关部门及时、合理、有效的回应仍是应对复杂舆论问题的关键所在。

**三是舆论追踪**。对事件和消息的追踪，原本是媒体进行调查性报道时的常用方法，即通过对事件发展的跟进式报道，在推动问题得到解决的同时，也延续着话题的关注度。在网络舆论巨大的影响力下，舆论追踪逐渐由报道方式变为一种常见的传播行为，即出现一起热点事件后，网络舆论不再像人们印象当中那样轻易消散，其演变周期存在延长的趋势。一些事件看似短期内解决了问题，过几日又会因为新的曝光、披露等形式回到舆论的视野，形成追踪效应。究其原因，一方面，原有的媒体调查记者开始选择以自媒体等形式将追踪式的报道扩散到网络舆论中；另一方面，公众的舆论参与意识不断增强，舆论参与途径不断增多，也导致舆情事件不易快速进入结束期，并存在再度升温的可能。

应该说，网络舆论的特异性不止这三个方面。网络时代已不再一成不变,在变动中需要不断调整自己的方向。认识到网络时代的社会性质变迁,以及信息传播形态和结构的更迭,我们才可能认识到进行网络舆论引导的必要性,然后思考如何进行引导。而引导也必然是一个动态和充满挑战的过程。

### (二)进行网络舆论引导考验党的执政能力

从历史上看,一种稳定的社会制度需要实现全面发展,并能够经常回应时代要求。站在新时代的潮头,应对好网络信息时代的挑战,成为强化执政能力的重要内容。随着党对舆论工作不断进行反思和总结,对网络舆论引导工作的全面认识不断得到继承和发展,相关的理论创新不断涌现。

2004年,中国共产党第十六届中央委员会第四次全体会议通过《中共中央关于加强党的执政能力建设的决定》,明确提出"牢牢把握舆论导向,正确引导社会舆论"的要求。对此,习近平总书记多次提出具体要求,围绕网上舆论工作的理论脉络逐渐清晰完善。

随着时代的发展,党和政府对网络舆论的认识也提升到新高度,做好网络舆论引导工作已成为加强党的执政能力的重要一环。2013年以来,习近平总书记深刻分析了互联网环境下舆论生态的新特点,就互联网环境下如何做好党的新闻舆论工作作出一系列重要论述,强调做好网上新闻舆论工作必须"坚持先进技术为支撑、内容建设为根本",多次强调要让"网络空间天朗气清、生态良好，符合人民利益"，并要求一定要增强阵地意识。

2014年2月，习近平总书记在中央网络安全和信息化领导小组第一次会议上就曾强调："做好网上舆论工作是一项长期任务，要创新改进网上宣传，运用网络传播规律，弘扬主旋律，激发正能量，大力培育和践行社会主义核心价值观，把握好网上舆论引导的时、度、效，使网络空间清朗起来。"2015年12月在视察解放军报社时，习近平总书记指出："要研究把握现代新闻传播规律和新兴媒体发展规律，强化互联网思维和一体化发展理念，推动各种媒介资源、生产要素有效整合，推动信息内容、技术应用、平台终端、人才队伍共享融通。"遵循客观规律，坚持网上舆论引导的理性和建设性，把握舆论引导的时度效，提升内容品质、繁荣网络文化，进一步提高网上舆论工作的能力和水平，逐渐成为我党的一项重要工作。

2016年2月19日，习近平总书记在党的新闻舆论工作座谈会上发表重要讲话，提出了关于党的新闻舆论工作的职责和使命的48字箴言"高举旗帜、引领导向，围绕中心、服务大局，团结人民、鼓舞士气，成风化人、凝心聚力，澄清谬误、明辨是非，联接中外、沟通世界"，这是对党的新闻舆论工作总任务和总的指导思想最全面、最精辟的表述，对于党的网络舆论引导也形成了方向性的指引。习近平总书记在此次重要讲话中还强调："要适应分众化、差异化传播趋势，加快构建舆论引导新格局。"适应互联网新媒体发展形势，尊重新闻传播规律、创新方法手段和体制机制，切实提高党的新闻舆论传播力、引导力、影响力、公信力，已成为做好新形势下党的新闻舆论工作科学的方法论。2016年4月，习近平总书记在网络安全和信息化工作座谈会上指出，"很多网民称自己为'草根'，那网络就是现在的一个'草野'。网民来自老百姓，老百姓上了网，民意也就上了网。群众在哪儿，我们的领导干部就要到哪儿去，不然怎么联系群众呢？各级党政机关和领导干部要学会通过网络走群众路线，经常上网看看，潜潜水、聊聊天、发发声，了解群众所思所愿，收集好想法好建议，积极回应网民关切、解疑释惑。善于运用网络了解民意、开展工作，是新形势下领导干部做好工作的基本功。各级干部特别是领导干部一定要不断提高这项本领"。

习近平总书记强调，主管部门、企业要建立密切协作协调的关系，避免过去经常出现的"一放就乱""一管就死"现象，走出一条齐抓共管、良性互动的新路。这进一步表明，舆情的意义继续从监测预警向舆论引导过渡，其社会治理的价值进一步显现。2018年4月，习近平总书记在全国网络安全和信息化工作会议上强调，"各级党政机关和领导干部要提高通过互联网组织群众、宣传群众、引导群众、服务群众的本领。要推动依法管网、依法办网、依法上网，确保互联网在法治轨道上健康运行"。

习近平总书记一系列重要讲话，不仅为新时代党员干部开展相关工作指明了方向，更推动了我国新网络舆论观的形成，为认识、做好网络舆论引导工作带来了重要价值指向和方法论依托。具备网络意识与主动走进网络，已成为党政机关领导干部坚持群众路线的检验标准和重要尺度。面对新形势新任务，党和政府要解决的问题比过去复杂得多，网络舆论的地位和作用也越来越重要。各级党委、政府既要关注宏观信息，也要关心社会的细微变化，注意体察民情，第一时间了解舆论，推动相关问题尽早掌握、尽快解决，有效化解潜在矛盾。

## 二、形成引导能力：提升对网络舆论的认识水平

"工欲善其事，必先利其器。"任何工作都离不开理论与实践。了解网络舆论传播规律，是开展相关工作的重要基础。通过学习和掌握一定的传播规律及理论知识，强化自身对舆论发展形势的判断力，是有效引导网络舆论的重要基础。

### （一）积极学习网络舆论的传播规律

网络舆论传播规律的发现及相关研究，与19世纪末以来独立发展、在20世纪中期形成跨学科研究的传播学经典理论紧密相关。

按照美国传播学者哈罗德·拉斯韦尔在《传播在社会中的结构和功能》一文中提出的传播"5W"模式，信息传播过程包括五个基本要素：传播者、传播内容、传播媒介、传播对象和传播效果。纸媒和电视新闻时代，政府机关和主流媒体是最主要的传播者，而在互联网时代，每个用户都可以变

成一个自媒体，新闻媒体不再掌握绝对的话语权，媒体的社交性不断提升，催生出众声喧哗的舆论场。

在历史发展的过程中，有许多经典的理论和规律指导着传播实践的发展，这些理论和规律在网络舆论引导工作中也发挥着重要作用。对舆论传播相关的知识点进行梳理可以发现，仅常见的理论、效应等知识点就超过 70 个，具有外延性或可应用的跨学科概念至少有上百个，图 4-1 列出了其中的一部分。这一方面表现出舆论研究不断变迁的特点，也揭示了舆论生成过程中的复杂性；另一方面，越想要接近千变万化的舆论背后的真实情形，就越要掌握科学分析的方法和手段，以获得尽可能准确和切合实际的判断。

图 4-1 舆论传播常见的理论、效应

党的十九大报告中指出，要加强互联网内容建设，建立网络综合治理体系，营造清朗的网络空间。当前，随着网络应用的快速发展，网络社会和现实社会深度融合。对于党政领导干部来说，掌握并尊重互联网传播的基本规律，树立"互联网思维",适应分众化、差异化传播趋势,主动借助新媒体的传播优势,运用于实际工作,已显得尤为重要。互联网是催生各类新兴媒介形态的载体,要把握好新时期网络舆论引导工作讲究的"时、度、效",做到识大势、讲分寸、重实效,就离不开对其传播规律的理解和把握。

从传播要素出发,我们可以一窥传播规律的发展过程。

纸媒和电视新闻时代,政府机关和主流媒体掌握话语权,传播者的地位尤为重要。在有着深厚新闻专业主义传统的美国,早在《华尔街日报》《纽约时报》等具有世界影响力的纸媒诞生之初,每篇新闻的报道都要经过报社编辑对真实性等各方面的严格审查。

而在互联网时代,每个用户都可以变成一个自媒体,普通人和专业新闻工作者的界限变得模糊,新闻媒体不再掌握新闻的绝对话语权,新闻不再是单向度的灌输宣传,而成为众生喧哗的舆论场。如今,网络传播已突破以往由一对多、由点及面的单线条传播模式,形成点对点的去中心化传播模式,同时,这也导致了无用信息的泛滥。标题党、煽情新闻、情色新闻、八卦新闻大行其道,经济利益动机愈发膨胀,甚至出现专门炮制假新闻的产业链。网络生态日益复杂,对网络传播规律的研究也从对传播行为的描述进入建设与管理并重、多维度探索的阶段。

在传播学的发展过程中,有许多典型的理论和规律指导着传播实践的发展,例如,把关人、沉默的螺旋、议程设置、群体极化等理论或规律，在网络舆论场仍发挥着重要作用。

**把关人**[注5]：又称"守门人"，是心理学延伸至传播学的理论，其字面意义很容易理解，即从消息源获得大量信息后，对其进行编辑、筛选、删减的个人或集体。2017年4月，谷歌推出事实核查功能，借助第三方平台对信息真伪进行标注。在国内，以腾讯"较真"为代表的新闻事实核查平台也逐步兴起，用来处理不靠谱的新闻源，有效控制假新闻的传播，新闻"把关"在互联网时代得以发展。

**沉默的螺旋**：1974年，德国社会学家伊丽莎白·诺尔-纽曼在发表于《传播学刊》上的《沉默的螺旋：一种大众观点理论》一文中提出这一概念，并在1980年出版的《沉默的螺旋：舆论——我们的社会皮肤》一书中对此加以完善。这个传播学的经典概念的主要含义是：如果人们觉得自己的观点是公众中的少数派，他们将不愿意传播自己的看法；如果他们觉得自己的看法与多数人一致，则会勇敢地说出来。而且媒体通常会关注多数派的观点，轻视少数派的观点。于是少数派的声音越来越小，多数派的声音越来越大，从而形成一种螺旋式上升的模式。在沉默的螺旋中，人们通常会高估自己判断意见的能力，这种对多数人意见的错误观察被称为"多数无知"。即使个人不赞成某种意见，如果大众对这种意见持赞成态度，个人也会错误地认为多数人赞成的意见是正确的，并因此选择不发表自己的意见。这一理论因此成为网络舆论中从众心理的分析基础。

**议程设置**[注3]：这一理论在日常生活中有着广泛的应用，该理论源于美国传播学者麦克斯威尔·麦克姆斯和唐纳德·肖于1972年共同发表的论文《大众传播的议程设置功能》，在论文中他们首次提出"议程设置"的理论。该研究发现，大众媒介通过报道内容的方向和数量对某一议题进行强调，被强调的议题与受众认知的重要议题具有高度关联性，即媒介报道得越多，大众就认为这一问题越重要。议程设置理论认为，大众媒介虽然不能决定人们对某一事件的具体看法，但可以通过报道的密集程度、重要程度等安排来左右人们对事件的认识和意见。与传统媒体相比，网络环境中，传播主体呈现多元化，公众地位不断增强，议程设置出现新特点，更具主动性，两者相互影响。网络媒体所提供的议题不一定会成为网民的议题，但在网络空间里，掌握议程设置的内涵对有效引导舆论仍有重要意义。

**群体极化：** 由美国芝加哥大学教授凯斯·R.桑斯坦提出，他认为群体成员形成某种意见偏向后，会朝着人们偏向的意见聚集移动，形成某种极端性的意见。网络社群中，群体极化现象表现得极为明显，这是导致网络暴力的重要因素。网民群体在心态上整体呈现出情绪化、非理性的特征，每个群体根据喜好的连接形成相对一致的情绪立场，对持有不同立场的群体的排斥成为本能，某种情况下，群体之间利用网络的匿名性相互攻击谩骂，即形成"群体极化"效应。社会学、心理学意义上的"乌合之众"在网络传播中尤为明显，群体极化的推波助澜与群体性事件或网络谣言有很大关系。

**弱连接：** 该理论由美国社会学家格兰诺维特于 1974 年提出。该理论认为，在传统社会结构中，每个人接触最频繁的是身边的人，如亲人、朋友、同事等，形成一种稳定但范围有限的"强连接"。同时，还存在着一种社会关系相对广泛、松散的"弱连接"，如别人无意间提起的人、在媒体等渠道获知的一个人等。但与一个人的工作、事业关系最密切的社会关系，往往并不是"强连接"，而是"弱连接"，原因是"弱连接"虽然不稳定，却有着快速、低成本、高效率的传播模式，更容易跨越不同的社会群体，触及更多的人。作为一个经典社会学理论，弱连接在人类社会出现社交网络后，进一步显现了它的影响力。尤其是在网民参与公共话题、传播政治议题方面，原本素不相识的网民群体展现出的庞大力量，正是在网络舆论生态下对弱连接理论的扩展。

**六度分隔：** 1967 年，美国哈佛大学心理学教授米尔格拉姆针对一个社区的人际联系网进行实验，发现了该现象，该现象也被称作"小世界现象"，可简单阐述为"任何人与一个陌生人之间所间隔的人不会超过 6 个"。换言之，一个人最多通过 6 个人，就能联系到自己想接触的任何人。该现象并未得到进一步的证实，但 2001 年哥伦比亚大学社会学系的瓦兹曾利用电子邮件开展了一个验证项目，证明在 6 万多名志愿者当中，邮件要到达目标对象处平均需经历 5~7 个人。六度分隔与弱连接有一定共通之处，在基于网络即时通信工具和社交媒体发展起来的人际互联时代，社会个体之间原本松散的关系进一步放大了。网络群组、朋友圈等社交形态推动弱连接不断向强连接转化，六度分隔即使未被验证，人们也能够快速找到结识陌生人的渠道，这已极大改变了人们对社会关系的认知。

从实践出发，对于不是专门从事网络舆论引导工作的人来说，了解一些重要的网络传播规律，也有助于其更准确地把握事件走向，做出合理判断。2018年，"北大校长错字风波"引发舆论的高度关注。5月4日，北京大学举行建校120周年纪念大会，校长林建华在讲话中将"鸿鹄"的"鹄（hú）"念成"hào"，引起争议。次日，林建华即在北大未名BBS上发表致歉信，但其中"很难保证今后不会出现类似的错误""'文革'时期接受的基础教育既不完整也不系统"等措辞，进一步引发各方质疑。此后，网上陆续出现"北大校长念错字成了一面镜子""北大校长为校庆读错字二次道歉？北大：非林建华所写"等后续评论或报道，原本一起演讲念错字的"小事"，舆论关注期超过10天，此事件成为当年上半年的一个热门话题。

首先，与很多舆论热点类似，媒体的集中报道是导致事件传播的主要环节，也就是议程设置。在互联网传播环境中，一起争议性事件在网上出现后，其"北大校长念错字"等标题极易吸引眼球，各家媒体争相报道，引导舆论持续关注事件走向。其次，作为一起"以小见大"的典型案例，从"念错字道歉"演变为"呼吁校长辞职"，也体现了人们常说的蝴蝶效应。给我们的启示是，在舆情事件中，要特别重视苗头性、倾向性的信息，避免小问题变成大问题。此外，沉默的螺旋理论也在事件中有所体现。在主流意见形成后,多数人受从众心理的影响,原本不会对事件有过多解读的人,最终也"上纲上线",推动社会舆论认知走向"全面批判",这种变化的过程值得反思。

(二)做好网络舆情监测及应对处置

舆情及其价值日益引起社会各行业的重视,在这样的背景下,舆情通常被认为是一系列新兴概念的集合。而从实际出发,与舆情相关的工作有历史、有理论、有方法,逐渐形成了一个独立且独特的科学体系。舆情及围绕舆情开展的工作,并非一项在当今时代才引起关注的课题。

当人们谈到对"舆情"的理解时,通常会提到对舆论的看法、议论、态度、情绪等。假如将"舆情"两个字拆开来看,"舆"和"情"加起来就是"舆论情况"。近年来,随着互联网以及各类新媒体、新应用的兴起,人们提到舆情的频率有所增加,"舆情"的含义也随之扩展。实际上,关于舆情的说法及理解古已有之。北宋苏舜钦在《诣匦疏》中称:"朝廷已然之失,则听舆论而有闻焉。"这里就提到了舆论对施政情况的反映作用,延伸来看,这就是舆情监测价值的体现。又如南唐李中《献乔侍郎》诗云"格论思名士,舆情渴直臣",他认为获取有见地的意见应征询天下名士,而了解舆情则需要敢于直言的诤臣。在舆论引导方面,古时亦有相关记述。东汉郑玄在《周礼·天官·小宰》中记有:"古者将有新令,必奋木铎以警众,使明听也。"这里的"木铎"作为工具,承载了引起社会重视的传播引导作用，可视为人类社会治理进程中舆论引导的早期形式。也就是说，在探索如何做好网络舆情监测及应对工作的实践方面，我们国家在两个方面具有自己的历史认识与实践基础：一是能够重视舆论的影响力，认识到舆论和国家治理息息相关；二是认识到舆论是可以进行引导的，即关注舆论在生成过程中的双向流动，认为对舆情的把握可以用来了解问题，也可以用来解决问题。

今天回过头看历史，我国不仅有对舆情的理解，同时也有政令与舆情相通的实际应用。曾经的官员奏折、驿站传信、民间笔记，无不是一种反映舆情的体现。民能言、官能听、政能行，这一朴素的治国理想不仅是我们传统文化中的一种理想政治生态，也是国家和社会合理运转的基础。时至今日，社会信息的传播从曾经的单向、双向传播，变化为多点、多主体传播，我们面对的信息环境更加纷繁复杂，信息化、数据化新纪元不断冲刷着人们的认知，而在网络上，舆论工作也始终以不同的形态延续其使命。有人形容，互联网时代是一个喧嚣的时代，同时又象征着秩序的重建。网络舆论时效高、传播广、影响大，覆盖的内容超过以往任何一个时期。但也正因此，互联网时代的舆情更具参考价值，作出准确的舆情研判，甚至可以产生"谋定而后动，知止而有得"的效果。

我国的网络舆论引导工作起步于20世纪90年代末，随着互联网及其应用日渐成为民意聚集的平台，各级党委和政府对网络舆论的重视程度也越来越高。网络舆论引导工作成为党和政府工作中必不可少的组成部分。根据新形势下各级党委和政府信息工作的需要，为更好地掌握网上动态，发挥网络效益，为国家经济建设和社会稳定服务，积极开展网络舆论引导工作具有重要的现实意义。对广大党员干部而言，网络舆论主要包括以下方面：影响国家安全和社会稳定的信息；对重大活动及决策的舆论反应；突发热点事件及社情民意；重要经济、文化和社会动态；国际和港澳台动态；重大网络安全事件及失泄密问题；各级党委、政府需要掌握的其他信息。

无论政府部门还是民间机构，政务信息还是行业动态，设法形成尽可能科学、客观、准确的判断，从而实现部分预测功能，是开展网络舆论引导工作的一个关键目的。市场调查与商业洞察力、公共事件分析与走势研判、综合情况梳理与战略推演……当我们谈论上述能力时，可以将其归纳为"判断力"，即借助对舆论情势的有效分析进行合理决策的能力。"夫风生于地，起于青蘋之末"，判断力的获得源于发现。在信息海量传输的网络时代，向来标榜"自由"的自媒体纷纷以"24小时追踪热点"作为跻身一线的试金石，谁能在千丝万缕、瞬息万变的信息海洋中率先找出舆论变化的先兆，谁就能占得先机。为此，越来越多的研究者和应用者选择全天候、全方位开展舆情工作，力求通过持续监测获取"发现力"，进而形成开展网络舆论引导工作的"判断力"。

结合党政机关工作的特点，着力培育"四种思维"，充分发挥"四项作用"，对于积极培育网络舆论"发现力"和支撑网络舆论"判断力"，具有重要参考意义。

## 1. 网络舆论"发现力"与"四种思维"

互联网及其应用的变化决定着人们对网络舆论的理解及相应工作的开展。在新时代做好舆论工作，需要时刻把握好以下意识思维的训练及强化。

**一是形成"风险思维"**：重视非传统的安全问题。党的十八大以来，以习近平同志为核心的党中央在国家安全方面做了一系列战略性布局，形成了以"总体国家安全观"为内容的国家安全思想理论的创新。而在党的十九大报告中，55次提到"安全"，其中18次提到"国家安全"，相比历届党代会报告，对国家安全的重视达到了"前所未有"的高度。这要求我们时刻关注军事、政治和外交冲突以外的非传统安全领域，针对可能出现的新形势、新问题、新特点，持续提高风险意识，敏锐把握舆论走向，密切跟踪新兴动态，及时回应社会诉求。

**二是形成"关联思维"**：关注改革中的联动因素。在公共议题热度高涨的当下，随着各项改革的深入推进，触发关联性事件的概率也随之增加。从不同行业、领域出现的乱象来看，一个突出的共性问题是"关联、捆绑、炒作"已成为商业营销的"标配"。而这一趋势延伸至整个网络舆论场，则表现为从任意一起事件出发，都可能涉及改革话题，促进"塔西佗陷阱"现象加剧。一些部门或地方政府"封堵捂压"的舆情观念和处置方式值得反思，如何通过信息公开消除"信息饥渴"值得深究。

**三是形成"民本思维":了解民意的焦虑。**近年来,天价学区房、富人移民、寒门难再出贵子、社会鄙视链等话题不断引发公众的焦虑情绪,而且不同群体对具体事件的认知呈现显著差异。同时,微信公众号、知乎等高影响力平台的作用日趋明显,专业性、思辨性的网民意见将继续增多,这既给政府工作带来考验,也为及时把握民意走向和主流认知提供了更多参照。

**四是形成"数据思维":注重大数据分析等应用。**如今,做好大数据分析及其应用,已成为社会舆情研究工作的重要手段。在"去中心化"的网络信息时代,政策发布、突发事件、舆论热点、行业趋势等,经过不同通道的多源数据信息汇聚、提取、分析后,往往能够呈现不同维度、粒度、程度的分析视角。在信息碎片化、沟通无界化、线上线下联动加深的背景下,大数据分析有利于捕捉传播的关键节点、发现潜在关系,针对突发式、暴涨式、反转式舆论,可提供走向分析、情绪判断、精准推送等功能,带来新视角、新思维和新策略。有关大数据分析的意识、技能和思维,应深入开拓。

### 2. 网络舆论"判断力"与"四项作用"

由于互联网时代传播关系的扁平化,政府部门的决策措施一旦出现疏漏,就容易被网络舆论指为"拍脑袋""一刀切";而社会改革过程中出现的各类问题,也容易被归因于"监管不力""政府缺位"。要在日益复杂的网络舆论环境中,尽可能避免"言必称政府"的群众刻板印象,政府部门就要多在日常工作中重视网络舆论，而且不仅在事后关注，更要做好事前预判。知民所想，为民所向，提高"舆情+决策"综合研判意识，推动"决策案头化"向"决策信息化"转变。

**一是反映内外动态，发挥"情报"作用。** 及时反映国内外一些重大动态，如近年来突出的生态环境、公共卫生、金融风险等领域的动态，为各级党委和政府全面了解情况站好岗、放好哨，当好"情报员"。

**二是研判专题信息，发挥"参谋"作用。** 紧紧围绕领导决策需求，收集、加工和报送信息，搜集各方面有价值的问题和情况，在"决策前、决策中、决策后"的全流程做好综合分析研判，当好"智囊团"。

**三是联结社情民意，发挥"桥梁"作用。** 对于网民普遍关注的热点、难点问题，及时加工整理和报送。注意收集和反映人民群众的呼声、意见、建议，当好"晴雨表"。

**四是监测有害信息，发挥"灯塔"作用。** 全方位、多角度、不间断跟踪网上谣言等有害信息及其发展动态，重视技术手段建设，发挥业务支撑作用，当好"报警器"。

## 三、掌握引导方法：提升对网络舆论的治理水平

培育网络融入意识，积极拥抱网络社会，主动开展网络调研和问政，已成为各级领导干部适应网络强国时代要求的必备技能。必须认识到，加强网络舆论引导已成为保发展、

维稳定、促和谐的重要工作。广大党员干部均应提高通过互联网组织群众、宣传群众、引导群众、服务群众的本领，思考如何对网络舆论进行有效、合理的疏导。

（一）坚持培育和提高党员干部的网络素养

《汉书·李寻传》言："马不伏历（枥），不可以趋道；士不素养，不可以重国。"素养的内涵不同于简单的能力范畴，更体现为内在的修养。各级党员干部的干事创业，离不开对自身素养全方位的培育和提升。

1992年，美国媒体素养研究中心曾提出"媒介素养"概念，即指人们在面对不同媒体传播的各种信息时，所表现出的信息选择能力、质疑能力、理解能力、评估能力、创造生产能力以及思辨反应能力。

1995年，美国媒介文化研究学者马克·波斯特进一步提出了"第二媒介时代"的概念，即"在电影、广播和电视中，为数不多的制作者将信息传送给为数甚众的消费者，播放模式有严格的限制，但随着信息高速公路的先期介入以及卫星技术与电视、计算机和电话的结合，一种替代模式将很有可能促成一种集制作者、销售者、消费者于一体的系统的产生，大众媒介的第二个时代正跃入视野"。这一概念的提出指明了网络媒介时代的一个本质特征，即双向沟通和去中心化。在这一特征的影响下，舆论场不可避免地进一步朝向自由与开放发展，甚至还将继续走向无法预知的境地。如《连线》

杂志创始主编凯文·凯利在《失控》一书中表达的那样，过去的中心化组织的优势，在今天的社会环境下已不复存在，人类社会控制霸权的时代将无法延续。从这一点出发，网络舆论中那些来自整个世界的涌动，以及孕育于不同阶层的呐喊，都在今天给规范引导网络行为带来了新要求。

概括来说，每一位接触到大众媒介的受众，均被认为应具有正确地、建设性地使用大众传播资源的能力。人们应该意识到，信息与媒介资源可以被用于监督、促进和完善社会进步，而非仅限于休闲与享乐。而公众使用大众媒介的动机、方式、态度以及能够从中获得多少有效信息，不应是一味地由媒介决定的，而应是主动地加以选择。更重要的一点在于，我们需要培养对传媒及其信息的甄选批判能力。

由于各种复杂的原因，大众传媒中经常存在负面信息及不被主流社会所接受的信息，对负面信息的免疫能力是衡量媒介素养的重要指标。2017年，位于美国西雅图的华盛顿大学开设了一门课程，名为"认清并抵制大数据时代的烂消息"。该课程主要关注的是科学研究中的种种"垃圾"，诸如用数据说谎、学术偏见等。值得注意的是，课程也提到了有关假新闻的内容，包括背后的经济驱动、回音室效应、事实核查等议题，以及针对不同的受众，如何使用不同的策略帮助其辨别和驳斥假新闻。

人们现在常说，这是一个信息过载的时代。但细想之下，如何面对并在这种"过载"中继续合理地生存，才是人们更需要完成的任务。随着网络舆论的出现和发展,媒介素养的内涵开始扩充,其重要性也进一步得到提升。在社交网络革命、互联网革命和移动革命的大背景下,个人为了适应新的媒介环境和社会关系的变化,需要构建更大、更好的社交网络,必须主动掌握新的能力,这样才能适应新时代的生存环境。2012年,美国传媒学者李·雷尼和巴瑞·威曼在《网络化:新的社会操作系统》一书中提出,在互联网推动下的"网络个人主义"时代,我们应该进一步培养自身的"新媒介素养",包括图像处理能力、导航能力、信息的组织和联通能力、专注能力、多任务处理能力、怀疑精神以及道德素养。今天看来,这种"新媒介素养"的提出,其实就是对网络时代媒介素养的呼唤。

　　在这个"人人都有麦克风"的时代,思想交锋层出不穷,观点汇聚时刻上演。当信息呈现出全天候、全覆盖、快速性、裂变式的传播特点时,党员干部在工作过程中,所面对的舆情也就更为复杂。在人们开始重新关注媒介素养、希望更加客观、理性地应对网络舆论的背景下,党员干部不仅要注意提高自身的媒介素养,有能力辨别大众媒介引导下的舆论本质,更要提高网络素养,积极将治理能力与网络应用相结合。2018年12月27日,以"与时俱进提升网络素养　共同构建网上网下同心圆"为主题的"2018首都网络素养座谈会"在北京举行,座谈会上正式发布了《网络素养标准评价手册》,对公众的网络素养的评估进行了进一步的标准化,为网络信息监管和网络空间治理提供了现实依据。这也从客观出发,要求广大党员干部必须具备互联网思维,并从他律转向自律。

一般而言,媒介素养可分为两个层次:一个是公众对传媒及其传播行为的看法、态度以及了解程度,另一个是媒体工作者的职业能力、职业操守和职业精神。从党和政府工作的角度出发,我们今天所谈论的媒介素养乃至网络素养,已经不再局限于公众观念和传媒工作者职业操守的范畴,党员干部同样面临着这一课题。生活在信息社会,每一个个体既是受众,也可以是传播者,现代社会的每一个成员都是媒介公民。同样作为现代社会的媒介公民,党员干部理应注意提高自身的网络素养,努力向三个角色转变。

**第一个角色:批判者。**一般意义上,保持怀疑与批判被视为学术研究中必备的素养,而对普罗大众而言,发表反对意见通常被认为是与社会格格不入,喜欢"找茬挑刺"。但进入网络信息时代,当人们越来越依附于大众媒介所构建出的拟态环境,在建构出来的网络虚拟世界中生活、工作,其内容不再完全是客观世界的真实复制,而是经过筛选的诸多因素的融合。人们将迎来一个如同"黑客帝国"一般的虚拟世界,甚至开始有意识地混淆自己在虚拟空间和现实空间的身份认同,或是排斥自己在现实空间的身份。当我们要求每个人都应学会理性辨别信息,不盲从、不跟风、不绝对化,有能力对网络上的非法信息、暴力信息、垃圾信息、庸俗信息等进行抵制时,怀疑精神就成了一种必要的网络素养。

当前,即使自媒体的发展已经与传统媒体并驾齐驱甚至有所赶超，主流媒体和政府仍然代表着官方的声音，所发布的信息仍具有权威性，这一点一直是社会共识。因此，党员干部必须以更强的责任意识引导网络言论，时刻注意对重大问题和热点问题的关注、把关、回应，既积极运用网络思维，又要坚持对网络信息去伪存真，在面对虚假信息、模糊问题进行主观判断时，能够尽可能保持客观与理性，捍卫党和政府的公信力。

**第二个角色：监督者。** 关于自媒体的发展，我国新闻传播学者喻国明曾有过这样的评价："人人都可以参与新闻的传播，而不可能人人都具有职业道德，也难保证每个人都受到过新闻专业的严格训练。他们所传播的信息，很难说是真正新闻还是无知之见。"网络舆论场是社会多元发声的载体，也体现着多种舆论主体对话语权的争夺。

步入新时代，社会矛盾与潜在风险逐渐显现，实现社会善治的形势变得更为严峻复杂。在一个万物互联的环境中，一切都看似无法阻挡，令人无所适从，但人类形成共识的经验告诉我们，当每个人都在进行传播时，谁坚持提供更可信、更透明的、经过深思熟虑的信息，谁就会在更长的时间里获得认可。被歪曲的事实则终将被社会所遗忘，正如当"标题党"无处不在的时候，对"标题党"的口诛笔伐一样随处可见。因此，加强对网络的管理监督不只是简单地去执行，管得到位、督得合理，责任的履行就可以顺水行舟。2019年1月，国家网信办启动网络生态治理专项行动，剑指淫秽色情、低俗庸俗、暴力血腥、恐怖惊悚、赌博诈骗、网络谣言、封建迷信、谩骂恶搞、威胁恐吓、标题党、煽动仇恨、传播不良生活方式和不良流行文化等 12 类负面有害信息，网上不乏"早该整治"的支持之声。当网络提高了社会透明度，党员干部就必须具备对网络舆论的甄别、判断及监督能力。

**第三个角色：引导者**。对所获得信息的组织和关联能力，将帮助今天的人们快速理解这瞬息万变的世界。由于个体的认知千差万别，同一条新闻的内容，结合不同人群的背景，再加上社交媒体平台提供的紧密传播关系，人们总是能解释身边发生的事，但又总是很难接近事实的本来面目。有西方学者认为，媒介素养从来都不是个人化的技巧和能力，而是国家意识形态和政治的一部分，它可以被当作社会控制或社会规范的一种方式。对此，伦敦政治经济学院社会心理学教授索尼娅·利文斯通曾提出，媒介素养与以下三方面相关：对社会知识、文化和价值观的理解及其程度；针对不同层级人群阐释问题的方式和能力；通过制度化机构及政府力量进行社会信息的获取和管理。从这一点出发，相对于大众的网络素养提升而言，党员干部的网络素养提升显得尤为重要，因为他们还需要承担舆论引导的使命。

实际工作中，网络正能量的传递需要适应网络新媒体的传播规律，做好主题策划；要积极主动利用网络新媒体，以影响力引导舆论；还要能够调动社会各类组织、系统、部门的力量，形成引导合力。而充分意识到引导网络舆论对社会发展的重要推动作用，是实现舆论工作"因势利导、渐近自然"境界的第一步。

## （二）努力形成精准、科学、灵活的网络舆论引导思路

2016年4月，在网络安全和信息化工作座谈会上，习近平总书记提出了"网上网下同心圆"的理念。"凝聚共识工作不容易做，大家要共同努力。为了实现我们的目标，网上网下要形成同心圆。什么是同心圆？就是在党的领导下，动员全国各族人民，调动各方面积极性，共同为实现中华民族伟大复兴的中国梦而奋斗。"

不同于传统意义上的舆论，网络舆论是社会治理环境不断开放的结果，对领导决策能力提出了更高的要求。传统传播环境下，社会系统相对封闭，政府工作的执行过程和结果仅在一定范围内产生影响。而在网络传播环境下，社会治理的开放性大大增强，更容易产生大范围的社会影响。换言之，网络舆论不易形成有效引导。但另一方面，引导不只是一种单向的行为，更是建立在开放、互动环境下的动态过程。正如"同心圆"的内涵所指出的，当各方持续推动共识不断形成时，我们才更有可能实现引导的目的，即赋予舆论一种自主演变的良性趋势，而非磨破嘴皮式的简单干预。

如果我们将网络舆论的引导过程视作一个管理的过程，那么就需要预测和计划、组织、指挥、协调、控制，这是西方经典管理理论提出的五项基本职能。一项好的管理，绝不意味着一味地强制执行或是放任自流，而是需要把复杂的问题简单化，让混乱的事情规范化。面对千变万化的网络舆论，需要做的是把握住事物变化的本质，然后按照一定的规律，

不断地提出并调整解决问题的方案。我们尝试从以下四个目标出发，提出开展网络舆论引导的路径，为更好地开展相关工作提供参考和启示。

**引导路径一：以形成网络舆情态势感知能力为目标，结合网络媒体解决问题**

德国哲学家黑格尔在《法哲学原理》中写道："无论哪个时代，公共舆论总是一支巨大的力量，尤其在我们时代更是如此。"

近年来，"态势感知"成为许多领域的热点概念，尤其是在安全相关的领域。自美国空军首先提出这一概念以来，随着网络的兴起，"态势感知"于20世纪90年代被引入信息安全领域，并逐步升级为"网络态势感知（Cyberspace Situation Awareness，CSA）"，即在大规模的网络环境中，对能够引起网络态势发生变化的安全要素进行获取、理解、显示，以及对发展趋势进行顺延性预测，用于决策与行动。

对此，2016年4月，习近平总书记在网络安全和信息化工作座谈会上强调："安全是发展的前提，发展是安全的保障，安全和发展要同步推进。要树立正确的网络安全观，加快构建关键信息基础设施安全保障体系，全天候全方位感知网络安全态势，增强网络安全防御能力和威慑能力。"随着《中华人民共和国网络安全法》和《国家网络空间安全战略》的相继出台，"态势感知"被提升至国家战略高度，并被写入《"十三五"国家信息化规划》。用一句话概括，即"态势感知"

旨在应对日益隐蔽和不断升级的网络安全风险。

一般来说,党员干部不可能都具备网络空间态势感知能力的专业背景,但新概念提出的背后必然有着现实的驱动。所谓态势感知,关键是监测与响应两大能力的建设。网络改变传播环境的同时,也为社会治理提供了全新的物质条件和手段,应对网络传播环境下的社会治理,必须拿起这一有力的"武器"。面对日益复杂多变的网络舆论,我们有能力也有责任形成一定的"网络舆论态势感知力",并借此对自身提出更高要求,具体分析和解决实际场景中的各类问题。

**一是时刻关注"态"**。坚持从全局看问题,时刻通过网上信息源把握舆情事件的整体状态,并思考"在哪里把握、如何把握、怎样把握"这三个问题。要主动接触网络媒体、积极参与网上互动交流和信息传播活动,亲自感受、体验、了解网上动态;要学习一定的舆情监测方法,根据情况进行判断,为考虑舆情背后的问题、风险打下基础;要尝试建立稳定的网上交流机制,增加与群众的互动,使事态向可控而非失控的方向发展。

**二是重点把握"势"**。要通过研判预测事件未来可能的状态,以及当前需要关注的重点,即培养形势预判能力。实际政务工作中,舆情事件可能是施策后的社会反响,也可能是与党政机关事务或人员相关的热点事件,舆情处置必须重视预判。应牢记网络舆论场中的问题容易"星火燎原"这一点,重视工作中出现的苗头性、倾向性问题,重视对网络舆论进行预先分析。应注意对数据科学的重视及应用，了解数据对于当今社会发展的重要价值，尽可能结合专业化、数据化舆情支撑，进行科学判断。

引导路径二：以培育网络舆论危机发现与应对能力为目标，保持自身的网络知识与时俱进

"轻浮的舆论尽管反复无常，却能为所欲为。"这句话出自18世纪的英国政治家埃德蒙·伯克。具有哲学意味的表述突出了舆论始终处于变化之中而难以捉摸的属性，也点出舆情事件一旦走向危机，就可能进入"为所欲为"的不可控境地。

要维持社会的正常运行，发现并消除危机是一种责任。舆论的危机往往来自事件负面属性的传递、扭曲以及放大，这就是我们进行舆论引导的主要原因。回到网络舆论的讨论场域中，要做好一个引导者，首先要发现危机并进行有效识别和应对。

从一般意义出发，危机公关与舆情应对是网络舆论引导的两门必修课，但又有所不同、相互联结。网络危机公关通常指围绕网络热点突发事件发生的原因、影响、措施等，接受媒体公开采访，并就媒体沟通、协调等进行深入研究。危机公关侧重于机制的建立，在形势判断、信息发布、后续协调等环节均应形成提前应对机制。舆情应对通常涉及与网络信息管理相关的法律法规、处置技巧方法等，侧重于对方法的掌握。

举例来说，危机事件的舆情多具有负面敏感性，在网络环境的催生下会快速生成甚至迭变。相关方在缺乏准备的情况下，极易迅速陷入难以收拾的局面。因此，一个详细有效、安排合理的危机公关预备机制就显得十分必要。从单纯处置事件的"赶紧解决"思维，转向按部就班、动态调整的"步步为营"思维，才可能"处事不慌"，避免"祸从口出"，做到"心中有数"。

而在危机公关的具体环节，信息发布可以说是决定走向的关键。传统观点认为，官方处置突发事件有"黄金24小时"之说，即在事发24小时内发布权威消息来主导舆论是平息事件的关键。2010年，在新媒体的不断冲击下，有研究机构首次提出"黄金4小时"概念，即事件发生4小时内，政府要第一时间发声，第一时间处理问题，做突发事件的"第一定义者"。此后，随着微博等发布速度更快、应用范围更广的传播载体兴起，围绕突发事件的网络舆论回应出现"黄金1小时"理念，具体包括20分钟形成舆论快报，30～40分钟内完成报送上级、商议决策和形成回应。目前，部分地方的政务微博管理办法已明确要求，面对突发事件，要在1小时内发布消息，采取速报现象、缓报原因或速报事态、慎报处置的方法，有序有度地发布，做到"1小时处置不耽误"。近年来，一些部门、地方积极探索以大数据分析为基础的舆论应对机制，并通过计算机和手机终端实现快速响应、有迹可查、责任明晰，网络舆论应对已进入"黄金半小时"阶段。从被动回应到主动作为，不做"事后诸葛亮"，是舆情应对的一项基本原则,也是掌握舆论场主动的重要指南。值得注意的是,在近年来网络事件传播速度不断加快的背景下,如果已失去先机,就不能急于发声,应收集事实,坚持有理有据地回应,防止"过犹不及"。

从网络舆论引导的角度出发,还要在危机公关与舆情应对一般原则的基础上,注意其特殊性,这主要体现在应对网络谣言方面。网上广为流传的一个"谣言公式"是"谣言＝事件的重要性 × 事件的模糊性 ÷ 公众批判能力"。这一公式的意义并不在于计算本身,而是说明谣言的能量有多大,它既取决于真实信息的透明度,也取决于受众的判断水平。打击网络谣言,正确发挥互联网的作用,不仅要提升网络参与者的素养,也需要提高政府的舆论引导水平。随着媒介技术的发展,谣言正搭乘着"新媒体快车",以前所未有的速度和力度冲击着舆论的神经。这就要求党政机关在辟谣时,既要注意对常见谣言的总结归纳和科学宣传,也要重视社会媒介的动态,力求做到快速识谣、有力驳谣、精准辟谣,削弱网络谣言的传播力。

**引导路径三:以调动网络媒体进行有效对冲为目标,学会"打捞"沉默的声音**

英国哲学家约翰·斯图亚特·穆勒在其《代议制政府》一书中提出,舆论本身就是一种最大的积极的社会力量。在应对网络舆论冲击的同时,我们也应充分认识到,网络这一开放意见平台中的信息自我净化机制和舆论对冲制衡机制,是不容忽视的正向引导因素。

正如习近平总书记指出的，对待网民的观点和想法，"要多一些包容和耐心，对建设性意见要及时吸纳"。当前对网络言论的治理中，一方面要增强网络的包容性，正确对待不同声音，让网络充分反映基层治理中出现的矛盾，使网络成为民意表达的重要渠道和排泄社会情绪的"安全阀"；另一方面，应重视"打捞"沉默的声音。部分网络公开意见表现出的"风平浪静"，不一定意味着基层政府可以"高枕无忧"，应注意把握网络舆论的潜流以及对线下实际问题的反映，让群众背后的诉求得以进入政策议程。

近年来，"怼"字成为当之无愧的互联网热词之一。网络舆论中的"互怼"现象，不仅是表面上的"网上吵架""网络戾气"，也表现出一种据理力争的网络开放特征。如何引导网民"合理怼""怼掉负能量"，是一个值得思考的问题。这启发我们应高度重视网络舆论中的自净功能，为舆论场形成正向引导助力。网络媒体为群众参与社会治理提供了条件，群众参与社会治理的能力及意愿日益增强。而在网络环境下，信息传播往往伴随着社交活动，"信息传播+社交"成为网络传播的一个重要特点。党员干部要对网络舆论开展调查研究，做好以下三方面的工作。

**坚持通过网络听取民声**。借助地方媒体的意见搜集平台、地方政务信息公开平台、社交媒体等网上渠道，了解民众普遍关注的问题及想法。对政策发布、事件解读等，与群众开展正面沟通，展现"有问必答""有求必应"的积极形象，组织动员群众参与社会治理。

**主动增强政民互动黏性。**在互联网商业应用普及的今天，网民对于"用户黏性"已经不再陌生。用户对品牌或产品的忠诚、信任与良性体验等结合起来，会形成一种对其的依赖和期望，这就是所谓的"用户黏性"。对于政务工作而言，长期通过政务微博、微信公众号等渠道，真正走进群众的日常生活当中，而非高高在上，是增进政民互动和理解的直接途径。

**时刻注意自身形象建设。**许多政务工作走到前台，其曝光度甚至不亚于娱乐新闻。在网络传播环境下，党员干部作为社会公众的关注焦点，要按照公众人物的标准要求自己，必须时刻处于网络舆论引导的状态下，把握好一言一行的传递作用；必须重视言论表达的严谨性，经得起网络"聚光灯"的"烤验"和网民的"推敲"；必须掌握网络舆论引导的方法与艺术，在积极建立网络公信力的基础上，让人们能够多一些理解，少一些质疑。只有积累起足够的长期信任，形成可近、可敬、可信的政府形象，才能让群众在网上与政府发声一致，并激发网络空间的公共话语自净功能。

**引导路径四：以稳定高效地开展网络舆论引导为目标，构建"快速获知—及时回应—跟踪反馈—长效管理—定向引导"的良性机制**

西汉大儒扬雄认为："道有因有循，有革有化。因而循之，与道神之。革而化之，与时宜之。"一个符合事物发展规律的良性机制，对于网络舆论引导工作的开展不可或缺。

机制需要建立在已有经验的基础上。通常，社会上习惯于将舆论引导称作"公关"，在危机公关应对与处置方面，我们已积累了大量经验，但舆论引导尤其是网络舆论引导，在今天仍然是一项充满挑战的难题。究其原因，网络问题的易变性和紧迫性，往往使我们难以找到统一的应对原则和方法。麻省理工—哈佛大学公共争议研究项目的研究成果——《如何应对愤怒的公众》一书中曾有过如下阐释："当今社会，公众的顾虑、恐惧和愤怒往往不能够得到充分的重视。事实上我们所有人都应该对这个问题高度关注……当决策者必须做出重大决定的时候，尤其是在紧急关头，没有人会给他们说服公众的宽松环境。"鉴于此，网络舆论引导有必要建立起一套广泛适用、操作性强的处理机制及工作流程，基本思路可包括以下五个要点。

### 【"三步走"实现快速获知】

"快"是对网络舆论实现成功引导的第一要义，而真正的"快"，就是要把工作做在前面、做在平时。危机预警被视为现代社会危机公关管理的首要环节，必须坚持"未雨绸缪"的风险管理原则，即认识到在相对和平安定的社会环境中，公共危机仍然并不遥远，突发事件可能随时随地出现，造成的危害更是不可轻视。其中，有三项工作值得重视和加强。

一是预先设立协调联动机制，确保出现网络舆情应急事件时，各部门可快速有效地展开行动。应注意在制定原则性规定和制度的基础上，形成具有实际指导意义的操作手册，便于第一时间参考使用。

二是做好日常舆情监测，尤其注意与本部门、本地相关的网上情况及变化，既要培养有一定舆情意识和工作能力的党政机关干部，又要积极与政府相关部门、社会专业机构、媒体对接，实时了解舆论动向。

三是重视网络政务窗口的民意联通作用，架设起群众反映和解决日常问题的良性渠道，通过常态化、细致化的动态工作机制，尽最大可能防患于未然，避免日常问题累积成为舆论"爆雷"。

### 【"两重点"确保及时回应】

在危机公关的范畴下，网络舆情应对同样需要遵循"事实胜于雄辩"的行动原则，及时合理的行动至关重要。从多起舆情处置案例来看，缺乏有效的响应机制是一个突出问题。群众面对突发事件，尤其是负面消息的冲击时，容易在短时间内产生大量担忧、愤怒、焦虑等不良情绪，并开始期待和寻求权威部门发声。此阶段如果无法第一时间采取应对举措，或采取拖延等待策略，容易导致事态进一步恶化，或出现意想不到的复杂变化。在初步构建网络舆情应急响应机制和队伍的前提下，需关注两项重点。

一是优先解决核心问题，即遇到事故时要优先考虑救助、抢险等工作，出现利益纠纷时应直面主要矛盾不回避等，让民众直接感受到政府处理问题的诚意和公信力。

二是及时进行响应，不仅要在时间上做到及时，也要注意回应的有效性，即结合舆情分析，针对当前最突出的舆论诉求展开回应，不偏离主要事实。

### 【"四避免"做好跟踪反馈】

信息发布是应急响应环节的一项重要工作，也是贯穿整个舆论处理的工作，直接涉及网络舆情态势发展的方向。除了初期响应，对后续情况的跟踪和发布往往容易被忽视。英国危机公关专家迈克尔·里杰斯特在《危机管理》一书中，曾提出危机处理信息发布的"3T原则"，强调了危机处理时信息发布的重要性，分别是 Tell you own tale（以我为主提供情况）——强调组织牢牢掌握信息发布主动权；Tell it fast（尽快提供情况）——强调危机处理时组织应该尽快不断地发布信息；Tell it all（提供全部情况）——强调信息发布全面、真实，而且必须实言相告。结合我国的实际情况来看，有四个方面的问题需要注意避免。

一是避免发布模糊不清的信息，坚持用事实说话，确保相关信息的真实可信、清晰准确，经得起舆论推敲。

二是避免推卸责任或转移话题，以群众利益为先，对属于政府部门的问题，要敢于承担责任、承认错误；对政府部门应当处置的问题，要坚决予以回应和承诺，将公众质疑降至最低。

三是避免单方面发布，应尽可能实现各方对事实的联合调查，展现责任与公正，确保信息发布的客观性和可信度。

四是避免一次性发布，不应产生"毕其功于一役"的想法，应做好持续进行情况发布的准备，并按期、正式地、公开地做好发布工作。

【"双原则"进行长效管理】

当前网络舆论瞬息万变，时常给人以"过几天就没事了"的认知。但随着舆论反转等现象的增多，以及舆论监督意识的日益增强，不少网络舆情事件容易出现反复或变异，给相关舆情应对工作增加了难度。对此，应注意做好网络舆论的后续处置，积极开展网络舆论和传统舆论的有机互动。实现舆论减压，主要有两项工作原则。

一是共享互惠原则，努力构建常态沟通渠道，坚持与媒体及群众进行善后对接，实现信息共享、利益互惠，让群众切实感到问题得到解决、诉求得到重视、利益得到保障。

二是长期关系原则，应以一起舆情事件的应对经验及解决过程为样本，梳理相关流程，重点做好与媒体、民间组织等社会第三方力量的交流，将网络舆论的后续处置工作当成维护政府形象的重要工作来抓。

## 【"一条主线"开展定向引导】

当前的网络舆论引导工作,往往是按部就班的做法多、灵活应对的办法少;被动回应的情况多、主动作为的情况少;"一刀切"式的引导措施多、精准施策的引导措施少。究其原因,网络舆论先天具有的复杂性,在一定程度上会消解既定引导方案和应对方法的效果。从这一点出发,网络舆论引导工作还需要把握好"一条主线",即始终"立足于解决舆论主要矛盾,坚持用事实说话,有针对性选择舆论场"。

一是"射人先射马,擒贼先擒王"。解决主要舆论矛盾。出现需要引导的网络舆情事件后,应第一时间研判其矛盾点,分析相关方的利益诉求,无论是辟谣发声、回应事实,还是积极对话、提出举措,都要紧密围绕解决舆论的主要矛盾展开,选择犹豫拖延或是顾左右而言他,都可能造成矛盾的迅速激化和迁移。要将解决问题作为舆论引导的中心,而非引导者自身。

二是"他横任他横,明月照大江"。坚持用事实说话。有些网络舆情事件中存在一定的恶意炒作或过分渲染,如果短时间内仓促应对、一味封堵,可能适得其反。在认清基本事实、政府不属于过错方的情况下,可采取"搜集信息、发布强力事实"的策略,通过有力证据站稳舆论场,争取舆论主流意见的支持,使别有用心者的言论不攻自破。

三是"解铃还须系铃人"。有针对性选择舆论场开展引导工作。观察多数网络舆情事件,可以发现,单个事件的舆论关注点通常会集中在某个舆论场中。例如，一起事件在微博曝光后，后续舆情也会在微博展开；微信公众号的刊文引起关注后，相关评论也会集中于各类公众号。互联网场域的信息承载量虽然巨大，但受众的注意力无法过于分散，尤其是在短期内仍会聚焦于最初的信息传播源。对此，应有针对性地开展舆情疏导和舆论引导，平时做好政务微博、官方公众号等平台的维护，在需要进行引导时，有侧重地在关注度最集中的媒介平台开展工作，尽可能让每一条信息的发布都是有效发布，每一次公开回应都能解决问题，每一个在舆论场上投出的"石子"都被公众看到，不断激起舆论的正面回响。

# 注　释

注1：劣币驱逐良币指两种实际价值不同而名义价值相同的货币同时流通时，实际价值较高的货币，即良币，必然退出流通——它们被收藏、熔化或被输出国外；实际价值较低的货币，即劣币，则充斥市场。人们将这种现象总结出的规律称为格雷欣法则，亦称之为劣币驱逐良币规律。

注2：邻避效应指居民或当地单位因担心建设项目（如垃圾场、核电厂、殡仪馆等邻避设施）对身体健康、环境质量和资产价值等带来负面影响，而激发出嫌恶情结，以及"不要建在我家后院"的心理，他们可能由此采取强烈的、有时高度情绪化的集体反对甚至抗争行为。

注3：议程设置是一种理论，认为大众传播媒介可以通过安排相关的信息议题，来左右人们关注的事实和意见，以及讨论话题的先后顺序。

注4：刻板成见也被称为刻板印象，指人们对某事物形成的一种概括而固定的看法，人们将这种看法推而广之，认为该类事物或其所属整体均具有该特征，而忽视个体差异。

注5：把关人是1947年由美国社会心理学家库尔特·卢因在《群体生活的渠道》一文中提出的。该理论认为，社会信息的流动是在一些带有"门"的渠道里进行的。在这些渠道中存在着一些"把关人"，即筛选者及相应机制，只有符合群体规范或把关人价值标准的信息才能进入传播渠道。

注6：二级传播于1948年由美国传播学者拉扎斯菲尔德等人在研究选举行为的基础上提出。该理论认为大众传播对人们的影响不是直接的，而是一个分为两个阶段的二级传播过程。大众传媒的影响首先到达"意见领袖"处，"意见领袖"再把读到和听到的内容传递给受他们影响的人。

注7：心理过程指在客观事物的作用下，心理活动在一段时间内发生、发展的过程，通常包括认知过程、情绪情感过程和意志过程三个方面。认知过程指人以感知、记忆、思维等形式反映客观事物的性质和联系的过程。情绪情感过程是人对客观事物的某种态度的体验。意志过程是人有意识地克服各种困难以达到一定目标的过程[19]。

注8：晕轮效应也被称为"成见效应""光圈效应""日晕效应"，指在人际知觉中所形成的以点概面或以偏概全的主观印象，美国心理学家H.凯利、S.E.阿希等人在印象形成实验中证实了这一效应的存在[20]。

注9：破窗理论是犯罪心理学领域提出的一个理论，认为环境中的不良现象如果被放任存在，会诱使人们仿效甚至变本加厉。

注10：两微一端即微博、微信、新闻客户端的简称。

注11：信息茧房于2006年由哈佛大学教授凯斯·桑斯坦在著作《信息乌托邦——众人如何生产知识》中提出，他认为在信息传播中，公众自身的信息需求并非全方位的，他们只注意自己选择的信息和使自己愉悦的领域，长此以往，会将自身意识置于传播环境的桎梏中，如同蚕茧的"茧房"。

注12：卡特里娜是2005年8月出现的五级飓风，在美国新奥尔良造成了严重破坏。相关报道以"奥巴马的卡特里娜"为喻，认为此次事故给美国政府带来了严重冲击。

注13：塔西佗陷阱得名于古罗马历史学家塔西佗，由中国学者引申而来。通俗地讲，就是指当公权力遭遇公信力危机时，无论说真话还是假话、做好事还是坏事，都会被认为是说假话、做坏事。

注14：按照海域的不同使用功能和保护目标，海水水质标准分为四类：第一类适用于海洋渔业水域、海上自然保护区和珍稀濒危海洋生物保护区；第二类适用于水产养殖区、海水浴场、人体直接接触海水的海上运动或娱乐区，以及与人类食用直接有关的工业用水区；第三类适用于一般工业用水区、滨海风景旅游区；第四类适用于海洋港口水域、海洋开发作业区。

注15："深网"即英文Deep Web的直译，指互联网上那些不能被标准搜索引擎索引的非表面网络内容。

# 参考文献

[1] 孟小平. 揭示公共关系的奥秘——舆论学 [M]. 北京：中国新闻出版社, 1989.

[2] 徐向红. 现代舆论学 [M]. 北京：中国国际广播出版社, 1991.

[3] 甘惜分. 新闻学大辞典 [M]. 郑州：河南人民出版社, 1993.

[4] 刘建明. 基础舆论学 [M]. 北京：中国人民大学出版社, 1988.

[5] 燕道成. 群体性事件中的网络舆情研究 [M]. 北京：新华出版社, 2013.

[6] 邱林川，陈稻文. 新媒体事件研究 [M]. 北京：中国人民大学出版社, 2011.

[7] 安珊珊. 多样性议题偏好与有限议题影响——互联网中文BBS论坛意见领袖舆论特征研究 [J]. 中国传媒报告, 2009, 3:91-92.

[8] 布赖克. 现代化的动力 [M]. 成都：四川人民出版社, 1988.

[9] 曹正汉. 中国上下分治的治理体制及其稳定机制 [J]. 社会学研究, 2011, (1):1.

[10] 中共中央宣传部舆情信息局. 舆情信息工作概论 [M]. 北京：学习出版社, 2006:144.

[11] 丁未. 新媒体与赋权：一种实践性的社会研究 [J]. 国际新闻界, 2009, 10:76-81.

[12] 蔡文之. 网络传播革命：权力与规制 [M]. 上海：上海人民出版社, 2011.

[13] 邓希泉. 网络集群行为的主要特征及其发生机制研究 [J]. 社会科学研究, 2010, 1:103-107.

[14] 王扩建. 网络群体性事件：一种新型危机形态的考量 [J]. 天津行政学院学报, 2010, 2:29-34.

[15] 吴飞. 新闻场与社团组织的权力冲突与对话 [J]. 南京社会科学, 2010, (4):90-97.

[16] 张孝芳. 革命与动员：建构"共意"的视角 [M]. 北京：社会科学文献出版社, 2011.

[17] 中国社会科学网. 网络舆论引导的挑战与应对 [EB/OL]. (2017-04-19)[2019-12-25].

[18] 严利华, 陈捷琪. 突发事件中的舆论失焦现象及其启示 [J]. 决策与信息, 2016, 8: 130-137.

[19] 林崇德, 杨治良, 黄希庭. 心理学大辞典（上、下）[M]. 上海：上海教育出版社, 2003.

[20] 刘永中, 金才兵. 英汉人力资源管理核心词汇手册. 广州：广东经济出版社, 2005.

# 后 记

在讨论和开展网络舆论引导工作的时候，人们经常会引用"大禹治水，宜疏不宜堵"进行比喻。但即使道理再浅显，一旦放到对具体问题的分析当中，仍然可能被忽视，甚至在处理问题时南辕北辙。究其原因，对风险的变化认识不清，对治理的方略理解不够，不清楚如何"疏"，往往简单处置，"一堵了之"。"善学者尽其理，善行者究其难"，只有不断学习和思考网络舆论引导工作的理论、方法、难点，才能在实践中正确认识，敢于引导、善于引导。

"防民之口，甚于防川；川壅而溃，伤人必多。民亦如之。是故为川者，决之使导；为民者，宣之使言。"党的十九大报告指出，"带领人民创造美好生活，是我们党始终不渝的奋斗目标"。走进新时代，"人民"二字力重千钧。对于广大党员干部而言，面对民意汇聚而成、瞬息千变万化的网络舆论，应该时刻意识到，网络舆论不是洪水猛兽，舆论引导也不是纸上谈兵。互联网虽然是无形的，但运用互联网的人们都是有形的。2019年1月，习近平总书记在省部级主要领导干部坚持底线思维着力防范化解重大风险专题研讨班开班式上强调，"要持续巩固壮大主流舆论强势，加大舆论引导力度,加快建立网络综合治理体系,推进依法治网"。不断提高党员干部对网络舆论的引导能力,科学、高效地做好网络舆论引导工作,促进互联网这个"最大变量"释放出"最大正能量",将有助于推动我们党不断巩固执政基础、增强执政能力、实现执政目标。